LEITORES E LEITURAS: EXPERIÊNCIAS LITERÁRIAS NA ESCOLA

COLEÇÃO CHÃO DE ESCOLA

PRÁTICAS PARA UMA EDUCAÇÃO TRANSFORMADORA

Coordenada por Ana Carolina Carvalho

A coleção Chão de Escola reúne livros que partem da experiência viva de educadores e educadoras, e que dão lugar às vozes, gestos e inscrições das crianças em seus processos de aprendizagem, registrando práticas transformadoras que se constroem no cotidiano escolar.

LEITORES E LEITURAS: EXPERIÊNCIAS LITERÁRIAS NA ESCOLA

ANA CAROLINA CARVALHO
JOSCA AILINE BAROUKH

editora Peirópolis

EDITORA
Renata Farhat Borges

EDITORA ASSISTENTE
Ana Carolina Carvalho

CAPA
Márcio Koprowski a partir de inscrições de crianças da rede municipal de educação de Itapeva, SP.

EDITORAÇÃO ELETRÔNICA
Elis Nunes

REVISÃO
Mineo Takatama

Dados Internacionais de Catalogação na Publicação (CIP)
de acordo com ISBD

C3311 Carvalho, Ana Carolina

Leitores e leituras: experiências literárias na escola / Ana Carolina Carvalho, Josca Ailine Baroukh. – São Paulo : Peirópolis, 2025.
156 p. ; 13,5cm x 20,5cm. – (Chão de Escola ; v.2)

Inclui bibliografia.
ISBN: 978-65-5931-434-8

1. Educação. 2. Leitores. 3. Leituras. 4. Experiências literárias. 5. Escola. I. Baroukh, Josca Ailine. II. Título. III. Série.

2025-3765 CDD 370
CDU 37

Elaborado por Vagner Rodolfo da Silva - CRB-8/9410

Índice para catálogo sistemático:
1. Educação 370
2. Educação 37

Editado conforme o Acordo Ortográfico da Língua Portuguesa de 1990.
Disponível na versão digital no formato ePub (ISBN 978-65-5931-435-5)

1ª edição, 2025

Editora Peirópolis Ltda.
R. Girassol, 310F – Vila Madalena
São Paulo – SP – 05433-000
tel.: (11) 3816-0699 – cel.: (11) 95681-0256
vendas@editorapeiropolis.com.br
www.editorapeiropolis.com.br

FSC MISTO Papel FSC® C044162

Para todos aqueles comprometidos
com a formação de leitores.

SUMÁRIO

PRIMEIRAS PALAVRAS

Conectar-se o quanto antes com as formas literárias por meio de experiências emocionais gratificantes e estar em estreito contato com outros leitores possibilita que as crianças se sintam comprometidas pessoalmente na leitura.

Teresa Colomer et al. (2018, p. 17, tradução nossa)

Praticamente dez anos se passaram desde que começamos a escrever o nosso primeiro livro juntas. A publicação do livro *Ler antes de saber ler: oito mitos escolares sobre leitura literária* ocorreu em 2018, mas ele começou a ser gestado alguns anos antes, por volta de 2015. O intervalo pode parecer longo demais. Três anos para escrever um livro? Quase isso, porque naquele momento uma crise econômica fez com que muitas editoras colocassem os pés no freio.

O livro ficou pronto, mas precisou aguardar um momento propício para a impressão. Todavia, o processo de elaboração foi demorado mesmo. Fizeram parte dele muitas conversas, escrita conjunta, revisões, reescritas. Fazer junto dá trabalho e toma tempo, mas também tem muitos pontos positivos: o encontro, a conversa, a provocação que uma faz à outra, as certezas postas em dúvida, o exercício conjunto da reflexão sobre a prática e sobre o melhor jeito de comunicar nossas ideias, ou seja, todas as idas e vindas do desenvolvimento da escrita a quatro mãos – percurso que sempre nos ensina muito. E quisemos repetir.

Além desse estimulante processo de produzir um livro juntas, a inquietude diante da prática e a constatação de que ainda havia o que dizer (sempre haverá, se estamos vivas e mudando), o desejo de compartilhar as reflexões mais recentes, outras experiências e novas compreensões sobre a leitura literária na escola com nossos pares foram os motivos dessa nova empreitada.

Neste livro, mantemos os pressupostos que norteiam nosso trabalho com a formação de leitores na escola – a concepção de leitura, de leitor e de infância; a defesa do direito à literatura como experiência legítima, e a valorização da comunidade de leitores como espaço de troca, pertencimento e escuta. Preservamos, ainda, marcas do formato adotado em *Ler antes de saber ler.* A voz na segunda pessoa do plural busca comunicar o que observamos na prática, mas também convidar quem nos lê para diálogo: "Será que vocês se deparam com o que estamos trazendo?" Esta pergunta implícita é um chamado à partilha de experiências e à construção conjunta de sentidos.

Mantivemos o desejo de que o texto evoque, sempre que possível, uma conversa viva sobre a prática – eixo central do nosso trabalho de formadoras de educadores. Mais do que expor saberes, buscamos abrir caminhos para que cada leitora e cada leitor reconheçam ali sua própria trajetória, seus desafios, suas descobertas e inquietações.

Nossa concepção de infância parte da ideia de que o desenvolvimento humano se organiza em torno da constituição do sujeito – um processo que não se dá apenas biologicamente, mas sobretudo através da linguagem, do afeto e da relação com o outro. Desde os primeiros anos de vida, o ser humano vive entre demandas internas e inscrições simbólicas que estruturam seu modo de existir no mundo. A linguagem não é apenas instrumento de comunicação, mas fundação da subjetividade. O sujeito se constitui no discurso, e é por meio da palavra que ganham forma o desejo, o conflito e a possibilidade de significação da experiência.

A literatura, então, surge como espaço privilegiado onde essas dimensões simbólicas se manifestam. Ao organizar a linguagem de uma maneira estética própria, diferente daquela usada em outros gêneros orais e textuais, os textos literários permitem que as crianças habitem outros mundos, experimentem perspectivas diversas, se apropriem dessa forma de tessitura da linguagem e elaborem afetos e conflitos que, muitas vezes, não encontram expressão direta na realidade. Quando as crianças leem ou escutam uma história, elas são convidadas a entrar no campo do imaginário, onde podem projetar medos, desejos, dúvidas, e até encontrar figuras que as ajudam a nomear o indizível.

O livro ilustrado, por exemplo, ativa o imaginário e estimula a linguagem como forma de compreender o mundo. Ao entrarem em contato com personagens e narrativas textuais e visuais, as crianças articulam vivências que muitas vezes não conseguem nomear diretamente.

A escuta ativa e a mediação de leitura, nesse contexto, assumem papel fundamental. O professor não é apenas aquele que apresenta livros, mas quem que abre espaço para que os estudantes se reconheçam nas narrativas, criem conexões, transformem sentimentos em linguagem. A leitura literária favorece a construção de subjetividade, pois oferece às crianças a possibilidade de sentir, pensar e se expressar fora dos limites da literalidade. Nesse entrelaçamento de palavra, imagem e afeto, a leitura deixa de ser apenas escolar e se torna constitutiva. O livro é mais do que um objeto: é travessia.

Assumimos uma concepção dialógica de leitura e de formação de leitores. Ao nascerem em uma sociedade letrada, as crianças estão potencialmente em contato com a leitura e devem ser a ela apresentadas pelos adultos e por seus pares, pois é um direito que lhes assiste.

O acesso às práticas sociais de leitura literária vivenciadas com sentido e significado não se dá de maneira igualitária para todas as crianças em nossa sociedade, na atualidade. A reversão desse quadro deve, evidentemente, constituir-se em objetivo de todos aqueles que se esforçam para que a educação ofertada a elas seja equânime e de qualidade.

É fundamental que a escola assuma o **pacto ético coletivo** em prol da leitura literária. O discurso a favor da formação plural de leitores, com vistas a uma construção extensiva que perdura para além da vida escolar e incide na constituição da cidadania e na participação democrática na sociedade, é importante e relativamente recente.

Sendo o coração deste livro a leitura literária na escola, não poderíamos deixar de dialogar com a Base Nacional Comum Curricular (BRASIL, 2018), que preconiza os conteúdos, habilidades e objetivos de aprendizagem a serem conquistados pelos estudantes da Educação Básica em todas as escolas brasileiras, sejam públicas ou particulares. Entretanto, propomo-nos ir além, uma vez que a BNCC aponta aspectos essenciais do currículo escolar, mas não o esgota.

Reiteramos nosso alinhamento ao que a BNCC indica no que diz respeito à concepção de leitor enquanto sujeito ativo e crítico, capaz de construir significados a partir da interação com diferentes tipos de textos, incluindo os não verbais, e de aplicá-los em diversas situações sociais e culturais. É um leitor que compreende o que lê e estabelece relações entre textos e contextos, reconhecendo diferentes sentidos, e que é capaz de justificar suas interpretações. Na qualidade de leitor crítico, analisa os textos, considerando seus aspectos ideológicos, políticos e sociais.

Segundo o documento oficial, a leitura é uma prática social e cultural que contribui para a formação do cidadão e para a sua participação na vida pública. Também é uma atividade interativa, em que o leitor constrói o significado do texto em diálogo com o autor, o próprio texto e outros leitores. Vai além da decifração de palavras, envolve a mobilização de conhecimentos prévios, a compreensão de diferentes gêneros textuais e a capacidade de relacionar o texto lido com outros e com o mundo.

Dialogamos com todos aqueles que habitam e participam do processo de ensino e aprendizagem na Educação Infantil e na primeira etapa do Ensino Fundamental: coordenadores pedagógicos, diretores, professores e bibliotecários. No contexto da escola pública, é preciso considerar que as equipes técnicas das secretarias da Educação têm um importante papel na formação de leitores, às quais também nos dirigimos.

Embora nosso foco maior sejam as práticas que envolvem diretamente os mediadores diários de leitura, ou seja, as professoras e os professores, reconhecemos, evidentemente, o papel crucial de bibliotecárias e bibliotecários envolvidos na formação leitora dos estudantes. Quando atuam nas escolas – e precisamos lutar para que todas possam contar com bibliotecas e seus profissionais responsáveis –, os bibliotecários têm a função não só de mediar leituras, mas também de promover a interlocução de um acervo mais amplo com as práticas em sala de aula, articulando diferentes áreas do conhecimento e reforçando a ideia primordial de que a leitura é compromisso de todos, responsabilidade de todas as áreas.

Além disso, a biblioteca escolar possui uma importante missão no cerne da formação de leitores literários, uma vez que também pode fazer nascer e estimular relações duradouras não só com a leitura, mas com outros lugares dedicados a ela: as bibliotecas que fazem parte da paisagem da cidade, os centros culturais e demais espaços que favorecem o convívio e a troca entre leitores de diferentes idades e preferências.

Por onde caminharemos neste livro? No primeiro capítulo, apresentamos a noção de experiência, tão rara nos nossos dias, e a possibilidade de sua existência na escola. No segundo, dedicamo-nos à literatura, vista como forma de arte, e à leitura literária, entendida como experiência. No terceiro capítulo, adentramos a escola e discutimos a constituição do acervo, os tempos e espaços voltados à leitura literária. No quarto, abordamos a mediação de leitura literária realizada por professoras e professores. No quinto, o foco são as práticas de leitura literária na escola, que sustentam a formação dos leitores em diferentes contextos, para além da sala de aula. Por fim, trazemos a ideia da escola enquanto comunidade de leitores como condiçao para o cumprimento dessa tarefa importante, reforçando seu papel crucial na constituição de uma sociedade leitora.

1

EXPERIÊNCIA: SITUANDO A NOÇÃO

De onde vem a ideia de experiência? O que significa trazê-la para a educação?

Nunca se passaram tantas coisas, mas a experiência é cada vez mais rara.

Jorge Larrosa (2016, p. 18)

Em 1972, o escritor alagoano Ricardo Ramos publica o conto "Circuito fechado", escrito apenas com substantivos concretos, simulando o cotidiano de uma pessoa que vive em uma metrópole naquela década, revelando seus hábitos, desde o momento em que acorda até a hora em que vai dormir. Não há verbos que mostram a ação de alguém, nem adjetivos que qualificam o que ocorre. São os objetos – os substantivos – os protagonistas.

Tal construção evidencia uma crítica incisiva ao denunciar uma vida estruturada por automatismos, marcada por gestos repetitivos e alienados, em que a identidade do sujeito se dissolve na recorrência de rituais cotidianos. Não há conflitos, diálogos ou emoções – apenas o circuito mecânico das coisas que determinam os passos do dia.

O que podemos dizer das sensações, percepções, sentimentos, sonhos e desejos dessa pessoa? Quem é ela? O que lhe acontece? Seu cotidiano parece ser marcado por uma sucessão de objetos e ferramentas que aludem a eventos e preenchem o tempo, ininterruptamente. Quando o dia finda, nada a atravessou. O que ficou de tudo aquilo que foi vivido? Houve, ali, alguma experiência? O filósofo italiano Giorgio Agamben (2005, p. 22), ao abordar a destruição da experiência desde a modernidade, revela: "O homem moderno volta para casa à noitinha extenuado por uma mixórdia de eventos – divertidos ou maçantes, banais ou insólitos, agradáveis ou atrozes –, entretanto nenhum deles se tornou experiência".

Mais de meio século depois da publicação desse conto, a sensação de uma vida esvaziada de experiências parece ter se ampliado. Nosso cotidiano é pontuado por excesso de informações: vivemos praticamente o tempo todo conectados aos celulares, *tablets* e computadores, à procura deles, como viciados. Ao acordarmos, antes mesmo de nos levantarmos, a tela do celular é a primeira coisa que olhamos, à caça de novidades, para estarmos atualizados, "por dentro" do que será assunto no dia, na tentativa de não perder nada, como se isso fosse a vida, a existência.

O receio de não acompanhar atualizações, eventos e discussões nas redes sociais tornou-se tão recorrente que ganhou nome próprio: FOMO – sigla para *fear of missing out*, ou "medo de estar perdendo algo". Desde que se popularizou em 2004, esse fenômeno vem sendo amplamente estudado como uma manifestação contemporânea da ansiedade, marcada pela sensação constante de exclusão, comparação social e urgência digital. O impulso para nos manter conectados o tempo todo, alimentado por notificações, algoritmos e narrativas compartilhadas em tempo real, revela não apenas um mal-estar psíquico, mas também uma profunda transformação na maneira como vivemos o tempo, o pertencimento e o desejo de estar incluído.

Há uma sensação de falta permanente, que nos move para a busca de algo que nos preencha: informações, curtidas, *posts*, fotos, vídeos, novidades. Mas tudo isso vai se perder logo em seguida – nesse consumo incessante de fatos, é o efêmero que impera. Há também um efeito de entorpecimento causado pela procura constante de aprovações, incentivada pela própria condição de funcionamento das redes sociais e demais mídias, que se ancoram no momentâneo e no passageiro, e, ao mesmo tempo, nos hipnotiza. Nada fica, tudo é rapidamente substituído.

Além dessa volatilidade, típica de nossos tempos, o professor Luiz Percival Leme Britto lembra que estamos submetidos à ordem do pragmático, aquela

> em que as coisas imperam e fazem da pessoa uma coisa entre tantas mais. E, para isso, há que narcotizar a alma da gente, que assim vai passando pelo tempo como se ele não fosse, vai sendo sem dar-se conta de que existe; e vai se fazendo útil, subsumida à dimensão prática e (re)produtiva da materialidade crua (2015, p. 28).

O ser humano deixa de ser sujeito para se tornar objeto da publicidade, do mercado, esvaziado de si mesmo. A própria ideia de experiência parece ter sido cooptada. Vende-se todo tipo de "experiência", buscando oferecer "exclusividade", "simplicidade" ou "sofisticação", na tentativa de que se possa comprar aquilo que não se vive e que, ilusoriamente, pode ser obtido e acumulado, reduzindo a dita "experiência" ao consumo de entretenimento.

Vários pensadores têm assinalado essa maneira de ser, estar e se relacionar, que é típica da modernidade e se acirra na contemporaneidade. Já na década de 1930, o filósofo nascido na Alemanha Walter Benjamin (2012) alertava para a pobreza da experiência, causada pela velocidade e pelo volume de informações veiculadas pela mídia impressa e pelo rádio. Com isso, passa a haver uma exigência social de estar bem-informado, de saber o que acontece, o que desencadeia o consumo desenfreado de informações e a necessidade de formular opiniões próprias, pretensamente pessoais, pretensamente críticas, a respeito de qualquer fato.

Transposto para os dias de hoje, podemos ver um movimento de produção e consumo massificado, em que o que importa é mostrar nas vitrines das redes sociais o que se faz e o que se tem – o que se diz que se faz, o que se diz que se tem –, criando modelos e expectativas inatingíveis que enredam as pessoas na busca de uma perfeição impossível, perversamente criada pelo mundo digital. Dessa maneira, fica relegado a segundo plano o que se é – a maneira peculiar de cada um pensar, sentir, se relacionar e estar no mundo, ainda que sempre marcada pelo momento histórico.

Ao dialogar com a obra de Benjamin, o filósofo e educador espanhol Jorge Larrosa estabelece a relação entre informação e opinião típica de nossos tempos:

> E se alguém não tem uma opinião, se não tem uma opinião própria sobre o que se passa, se não tem um julgamento preparado sobre qualquer coisa que se lhe apresente, sente-se em falso, como se lhe faltasse algo essencial. E pensa que tem que ter uma opinião. Depois da informação, vem a opinião. (2016, p. 20)

A opinião, que deveria ser uma posição construída a partir de informação e reflexão, hoje muitas vezes nasce de um consumo mínimo e até fragmentado de dados – quando não simplesmente da repetição de ideias ditas por quem ocupa o lugar de influenciador. Desde 2020, esse fenômeno se intensificou: a opinião já não depende necessariamente de um embasamento informativo. O que vemos é uma espécie de eco contínuo, em que cada qual busca bolhas que confirmem suas crenças e reforcem suas visões previamente estabelecidas.

A estrutura da vida cotidiana, mediada por redes sociais e algoritmos, promove essa sanha por "ter opinião", muitas vezes dissociada da experiência vivida e do entendimento profundo. A urgência de se posicionar é maior que a necessidade de saber. Isso gera uma **alienação da experiência**: trocamos o corpo que sente pela voz que emite juízo. A linguagem se antecipa à escuta.

Paradoxalmente, o que é comumente visto como **alienação social** é a falta de informação. Somos convocados tanto a consumir informações quanto a rapidamente formular e compartilhar nossas opiniões. Afinal, isso é visto como uma forma de participar da vida pública em meio digital. Aquele que não "sabe" o que acontece e, portanto, não tem opinião a respeito dos fatos, é visto como socialmente alienado. Mais uma vez, o que está em pauta é o consumo das informações que, nem bem são comentadas, são substituídas por algo mais "novidadeiro".

O que seria, então, experiência? Para nos ajudar a elucidar essa noção, convocamos novamente Larrosa, que afirma:

> A experiência é o que nos passa, o que nos acontece, o que nos toca. Não o que se passa, não o que acontece, ou o que toca. A cada dia se passam muitas coisas, porém, ao mesmo tempo, quase nada nos acontece. Dir-se-ia que tudo o que se passa está organizado para que nada nos aconteça. Walter Benjamin[1], em texto célebre, já observava a pobreza de experiências que caracteriza o nosso mundo. (2016, p. 18)

1 Larrosa está se referindo ao texto "Experiência e pobreza", do filósofo e sociólogo alemão.

A experiência vai muito além da vivência proposta como consumo do tempo pelo fazer, que sequestra nossa atenção. Ela implica um sujeito, ser singular que tem uma história única, uma biografia, e que é afetado de modo próprio por aquilo que lhe acontece.

Explorando a etimologia da palavra "experiência", Larrosa (2016) assinala que ela deriva do latim "*experiri*", que significa "provar, experimentar"; o radical "*periri*" também está na palavra "perigo". A raiz indo-europeia "*per*" diz respeito, antes de tudo, à ideia de travessia, passagem, percorrido, percurso. Há também um parentesco com a palavra "pirata", que comporta tanto o sentido da travessia, quanto o do perigo, do risco, do inesperado, do encontro com o mistério. O pirata, visto como essa figura que se lança ao mar, ao desconhecido, que abraça a oportunidade, mas não tem certeza de como será a viagem, o que encontrará em seu percurso, ou até mesmo se retornará ao porto. A vida é constituída de imprevistos, de inesperados, de aventuras e de atravessamentos: ela é tecida nas experiências.

Em contraposição ao sujeito da experiência, Larrosa (2016) sublinha que o ser humano, na contemporaneidade, tem uma existência marcada pela onipotência e pela ilusão de controle, que é dada pela repetição. Essa é uma marca da ciência moderna, que se concretiza pela prática rigorosa de comprovações e pelo uso de métodos seguros que eliminam qualquer intenção reflexiva que escape do controle de variáveis: os experimentos (Baroukh, 2020).

Experimento e experiência não se confundem. A educação implica subjetividade, pois é por meio dela que nos tornamos humanos. A experiência – entendida como o que nos acontece, enquanto sujeitos peculiares, únicos, e o modo como lhe atribuímos ou não sentido – é condição para a educação. Experiência não é sinônimo de informação, nem de opinião, e se faz cada vez mais rara em função da fragmentação, do excesso de trabalho e da velocidade – provocadora da falta de silêncio e de memória – que marcam nosso cotidiano.

O sujeito da contemporaneidade, portanto, nos parece ser não aquele da experiência, mas o do fazer frenético, pouco pensado, já que o espaço para a reflexão se faz cada vez mais exíguo. É o sujeito que compra a "experiência" e se satisfaz publicando-a como se ela o constituísse. É o ser humano que visa ser bem-sucedido, no sentido da conquista de uma vida de destaque, permeada de culto à competência, que deve gerar riqueza material e se pautar pelo consumo desmedido.

A sociedade contemporânea, marcada pelo desempenho, faz apologia a algumas ideologias: a meritocracia – todos são teoricamente capazes de sucesso, não importando as desigualdades; o acúmulo – conquistar é consumir; e a atividade incessante – a realização se dá pelo imperativo da competência e da produtividade. Assim, deixa-se de considerar a complexidade da vida em sociedade, a profundidade e a singularidade humanas.

De acordo com o filósofo coreano radicado na Alemanha Byung-Chul Han (2017, p. 27), vivemos segundo "o imperativo do desempenho como novo *mandato* da sociedade pós-moderna do trabalho". Para o autor, a sociedade do desempenho, do cansaço, como ele a nomeia, está marcada pela positividade, pelo fazer ininterrupto e sem críticas, que leva ao esgotamento, à hiperatividade e à depressão.

Informação (de onde quer ela venha), opinião, ação, desempenho. Essas palavras são a máxima de nossos tempos, pouco afeitos à contemplação, a paradas no ritmo vertiginoso do mundo. Partindo das ideias de Nietzsche, Han postula que contemplar se relaciona ao aprender a ver, que significa "capacitar o olho a uma atenção profunda e contemplativa, a um olhar demorado e lento" (Han, 2017, p. 51).

Nesse sentido, a contemplação é uma ação engajada, que sabe dizer não aos estímulos que vêm do mundo. É seletiva, controlada pelo sujeito; é uma parada em relação à atividade pura e automática. É uma brecha, uma fresta que se abre, ou que é aberta pelo sujeito, que se nega a simplesmente responder aos estímulos externos.

Para acontecer, a contemplação precisa que dediquemos atenção ao mundo. Segundo a pesquisadora e professora Ecléa Bosi (2003, p. 12), Simone Weil propunha que a atenção é um estado da mente em que sujeito e objeto estão em relação; a mente se abre para o mundo, permitindo que ele se apresente. É preciso estar presente, inteiro, para que a atenção ocorra, para que estejamos, de fato, em contato com o mundo.

Contemplar, portanto, é muito diferente de desempenhar, que está relacionado a um tarefismo permanente, ao qual as pessoas são convocadas e se convocam o tempo todo. Nesse ponto, podemos avizinhar as ideias de contemplação e de experiência, uma vez que ambas exigem um gesto de interrupção.

EXPERIÊNCIA E ESCOLA

Até aqui, buscamos nos aproximar da ideia de experiência, compreendendo quais são os contextos que a viabilizam e por que é tão difícil vivê-la, desde a modernidade. É fundamental compreender o que é experiência para que possamos situá-la no contexto educacional. Nos últimos tempos, essa noção tem permeado o discurso escolar. A própria Base Nacional Comum Curricular da Educação Infantil (Brasil, 2018) organiza-se em campos de experiências, ao propor as bases para a construção de um currículo para esse segmento.

Se experiência é aquilo que nos toca, que nos acontece, que nos passa, enfim, que nos desloca, o que significaria estar em uma escola em que os processos de aprendizagem seriam constituídos com base em experiências? Vamos deixar essa pergunta ecoando por enquanto, e procurar outras, que nos ajudem a situar, antes de mais nada, a escola.

Trazemos para o nosso debate alguns termos importantes, diferenciando as palavras "educar" e "ensinar", muitas vezes tomadas como sinônimos. O termo "educação" deriva do verbo "*educare*", do latim, que tem o sentido de "criar (uma criança), nutrir, fazer crescer". Assim, podemos entender educação como "fazer a criança passar da potência ao ato, da virtualidade à realidade" (Martins, 2005, p. 33). Hannah Arendt afirma que educar é acolher os recém-chegados, as crianças, em um mundo já existente, que será renovado por elas:

> A educação é o ponto em que decidimos se amamos o mundo o bastante para assumirmos a responsabilidade por ele e, com tal gesto, salvá-lo da ruína que seria inevitável não fosse a renovação e a vinda dos novos e dos jovens. A educação é, também, onde decidimos se amamos nossas crianças o bastante para não expulsá-las de nosso mundo e abandoná-las a seus próprios recursos e tampouco arrancar de suas mãos a oportunidade de empreender alguma coisa nova e imprevista para nós, preparando-as em vez disso com antecedência para a tarefa de renovar o mundo comum. (2007, p. 247)

Assim, educar e humanizar estão relacionados à formação do ser humano.

"Ensinar", por sua vez, deriva de "*insignare*", também do latim, que significa "colocar uma marca ou sinal em". Seu foco é o domínio de conhecimentos básicos, termo relacionado ao ensino. Em nossa sociedade, a escola é o local destinado à educação e ao ensino. É possível aproximá-los se assumirmos a posição de Paulo Freire (2000, p. 47): "Ensinar não é transferir conhecimento, mas criar as possibilidades para sua própria produção ou a sua construção". Por essa perspectiva, a escola é lugar de formação de sujeitos, manifestação de suas subjetividades e construção do conhecimento por meio das aprendizagens.

ESCOLA - SUSPENSÃO DO TEMPO PRODUTIVO?

Os pesquisadores belgas Jan Masschelein e Maarten Simons (2019) dedicam-se a pensar a escola e remontam à sua origem, desde sua criação, nas cidades-Estados gregas. Na Antiguidade, a sociedade grega estava estruturada em diferentes estratos e as elites aristocráticas eram privilegiadas, inclusive no que dizia respeito ao acesso à educação, enquanto os jovens de outras origens sociais precisavam trabalhar o quanto antes, embarcando na lógica da produtividade, sem tempo livre para sua formação.

Para entender o lugar da escola no contexto de sua origem, os autores apresentam a etimologia do termo "*skholé*": "tempo livre, descanso, adiamento, estudo, discussão, classe, escola, lugar de ensino" (Masschelein e Simons, 2019, p. 25). A escola da Antiguidade grega é uma invenção que inaugurou o escolar e instaurou um princípio de igualdade, uma vez que não importava a classe social do estudante. A partir de sua criação, todos passam a usufruir de um tempo livre, não produtivo, que pode ser investido no estudo e em suas próprias investigações.

Desta forma, a escola nasce subvertendo a ordem da desigualdade, o que pode tê-la colocado sob o escrutínio e controle social. Segundo os pesquisadores, "foi sorte da escola, ao longo da história, ter escapado da censura definitiva de um juiz ou júri ou ter sido privada de seu direito de existir" (Masschelein e Simons, 2019, p. 9).

Podemos vislumbrar o campo de tensões no qual está mergulhada essa instituição. Ela vive um dilema: transforma-se ou mantém-se? É transformadora para aqueles que passam por ela, educadores e estudantes, ou conservadora? Sabemos que foi tolerada, ao referendar "um conjunto de ideais fixos (políticos e religiosos) e projetos já prontos (a construção da nação, as missões civilizadoras)" (Masschelein e Simons, 2019, p. 9).

A escola que conhecemos teve sua origem na modernidade, quando se transformou, respondendo à criação das nações, acompanhando a Revolução Industrial e fazendo frente às demandas econômicas e políticas daquele momento. A estruturação em séries, a proposta curricular embasada em uma progressão do mais simples para o mais complexo e o próprio recorte dos conteúdos eleitos a serviço de um único ponto de vista, o controle dos corpos por meio da organização dos espaços (alunos enfileirados, docente à frente de todos, em um tablado) são heranças de um modo capitalista e industrial de conceber a educação formal.

A escola, portanto, vive um paradoxo e tenta se equilibrar no fio da navalha: reproduz as desigualdades existentes ou rompe com o *modus operandi* da sociedade e, dessa forma, diz a que veio? Claro que a instituição está submetida ao contexto social e político, que interfere diretamente na educação pública, da qual a escola é representante. Entretanto, a concretização desse rompimento seria possível quando a instituição consegue propor projetos e ações que fazem dela um lugar de investigações, encontro de subjetividades, aprendizagens singulares, vida coletiva e apresentação de um mundo espantoso – um *lugar de experiências,* onde as crianças – e também os educadores – são convidados para pensar, para sentir e para se colocar. Um lugar de equidade de oportunidades, de acesso ao encontro com os outros e com o conhecimento.

O que queremos dizer com conhecimento? Larrosa (2016) salienta que é comum o intercâmbio das palavras "informação", "conhecimento" e "aprendizagem" para caracterizar a sociedade em que vivemos, acentuando que muitas vezes as três são entendidas como sinônimos. Como se o conhecimento e a aprendizagem se reduzissem ao acesso e acúmulo de informações. Onde, nesse modelo, entraria o sujeito?

Nas formações de educadores que coordenamos, alguns verbos se fazem presentes reiteradamente: multiplicar, repassar, replicar, aplicar. Se considerarmos que as palavras revelam concepções, o uso de tais termos explicita que, para muitos, formar equivale a informar. Por trás dessa redução, há uma ideia de educação, do que é o aprendiz, de como ele aprende e como se ensina. Há, nesses verbos, a conotação de reprodução e de controle, denotando uma maneira de pensar em que o ensino e a aprendizagem se sobrepõem, não entram em diálogo: o que a professora ou o professor escolhe ensinar, o aluno aprenderia automaticamente, sem nenhuma criação. Por essa perspectiva, se o estudante não tem sucesso, não "aprende", o problema está nele. Em contraposição, acreditamos que o sujeito *em formação* é aquele que se afeta diante dos acontecimentos e atribui sentidos ao que vive e faz, transformando o que lhe é apresentado – um sujeito da experiência.

Ao abordar a noção de experiência, Larrosa insiste em não conceituá-la, deixando-a em aberto. A experiência está no âmbito do vivido, do singular, e defini-la seria aprisioná-la, inviabilizando sua existência na busca de reduzi-la a algo previsto no campo pedagógico. O autor explica que "a experiência não é o caminho até um objetivo previsto, até uma meta que se conhece de antemão, mas é uma abertura para o desconhecido, para o que não se pode antecipar nem 'pré-ver' nem 'pré-dizer'" (Larrosa, 2016, p. 34).

Propomos, aqui, o entendimento de que experiência é aquilo que nos afeta, nos toca, nos marca, em consonância com as ideias de Larrosa: tendo vivido uma experiência, saímos diferentes de como entramos. Mudamos nosso olhar, nossa relação com o mundo, nos transformamos. Nesse sentido, pensamos que a escola deve ser o lugar que torna possível viver experiências – tanto para crianças como para adultos. Escola não como espaço de repetição e de mera transferência de conhecimento, mas como espaço de vida, espaço do inapreensível, da singularidade, do incontrolável, da transformação, da experiência.

TEMPO, TEMPOS

Sem o tempo, não há como vivermos experiências: "Tempo rei / Transformai as velhas formas do viver", como poetiza Gilberto Gil (1984). Os gregos antigos forjaram três palavras para ele, cada uma delas qualificando-o de uma maneira relacionada à nossa percepção. *Chrónos*, o tempo do relógio, marcado pela sucessão infinita e contínua de momentos, aos quais é impossível voltar. Cazuza e Brandão (1988) explicam bem isso: "O tempo não para, não para, não, não para".

Parece que nos dias de hoje conhecemos apenas *chrónos*, o tempo que nos consome, que nos faz correr sempre mais. Em nossa sociedade, *chrónos* está associado também à produtividade. Quem já não ouviu a frase "tempo é dinheiro"? Nela, a ideia de perda está embutida: perder tempo é perder dinheiro. Como já vimos, vivemos em uma sociedade que se estrutura em torno do ganho, da acumulação, da produção e do consumo. *Chrónos*, portanto, encarna a qualidade do tempo de nossa época, marcando a necessidade de usá-lo para produzir algo útil e tangível, que comprove seu bom uso, e não seu desperdício.

O segundo termo é *kairós*, o tempo da oportunidade, que permite abraçar a ocasião quando ela se apresenta, um dos tempos da experiência, tempo de mergulhar nos acontecimentos e usufruir deles, de modo a sermos transformados, de alguma maneira. Caetano (1979) canta o tempo, destacando *kairós*, o tempo propício: "Peço-te o prazer legítimo / E o movimento preciso / Tempo, tempo, tempo, tempo / Quando o tempo for propício / Tempo, tempo, tempo, tempo". O tempo propício se relaciona à subjetividade e, muitas vezes, entra em conflito com *chrónos*, pois a oportunidade, em um cenário interno, raramente se conecta à produtividade.

Por fim, *aion*, o tempo da eternidade, tempo sem tempo. O filósofo da antiguidade grega Heráclito (1991, p. 73) define *aion* como "uma criança, criando, jogando o jogo de pedras, vigência da criança". É o tempo do brincar, da entrega, um tempo que não escoa, mas permanece. Quando *chrónos* vem interrompê-lo, ouvimos das crianças: "Mas já? Só mais um pouquinho!". *Aion* é o tempo da ficção, do faz de conta, da criação de outros mundos. Tempo, também, da leitura literária, que traz cenários, personagens e tramas ficcionais que nos apresentam outros universos.

Os adultos também vivem *aion* quando não percebem o tempo passar, quando há mergulho no devaneio, quando lemos, dançamos, desenhamos, por exemplo. O termo "devaneio" tem raízes no latim "*vanus*", que significa "vazio" ou "oco". Essa palavra originou o espanhol "*devaneo*", que posteriormente influenciou o português. Em nossa língua, "devaneio" carrega o sentido de "deixar-se levar pela imaginação" ou "divagar". Já a palavra "imaginação", também de origem latina, deriva de "*imago*", que significa "imagem" – expressão que remete à capacidade de criar representações mentais e simbólicas do mundo.

A imaginação permite representar uma realidade ausente, criar novos mundos, e está relacionada à arte, onde se inserem a ficção e a literatura. Portanto, *aion* está relacionado à criação. José Miguel Wisnik e Jorge Mautner (2003) tratam dessa qualidade do tempo: "O tempo dá voltas e curvas / O tempo tem revoltas absurdas / Ele é e não é ao mesmo tempo".

A escola se organiza em torno do tempo. Quais de suas qualidades estão em jogo? *Chrónos* com certeza comparece, pois há hora para tudo, o planejamento se orienta pelo tempo, aprisionado em "grades" de horários. Também se concretiza por meio da necessidade de apresentar um produto, provando que se produziu, que não se perdeu tempo. Algo materializado, palpável, em geral registrado em papel, como acontece com as famigeradas folhinhas de atividades. Desse modo, cobra-se, de alguma maneira, que as professoras e os professores criem vestígios – indicadores – como testemunhos da realização de seu trabalho: desenhos, fotos, apresentações, vídeos, registros que conferem concretude ao tempo passado na escola.

Evidentemente, registros são tão fundamentais na escola quanto o são na vida: documentamos momentos que nos fazem sentido, de modo que possamos recordá-los – passá-los novamente pelo coração. Registramos para guardar o que nos marca, uma vez que a "memória é a gaveta dos guardados", como diz Iberê Camargo (2009, p. 29). Na escola, documentamos também para acompanhar as aprendizagens dos estudantes; planejar propostas, caminhos e ações a partir do registrado. Mas é essencial pensar: quais são os registros que fazem sentido? Em que formato e em quais situações? Para revelar quais aprendizagens? Essas perguntas ajudam educadoras e educadores a se orientarem e a buscarem formas de registro que tenham sentido para todos os envolvidos na situação.

Vale a pena pararmos para considerar se a escola – lugar de *tempo livre* – permite que crianças e docentes vivam *kairós* e *aion*. Será que professoras e professores se sentem autorizados a usar o tempo para acompanhar os olhares e as descobertas das crianças? Será que permitem que elas se detenham diante de uma joaninha, de um ninho de pássaros ou de outros acontecimentos que capturem seus interesses, que suscitam suas investigações? Há tempo expandido para os brincares e as invenções?

Vejamos um exemplo: uma professora da Educação Infantil nos contou que, ao longo de alguns dias, observou um menino que passava boa parte do recreio em torno de uma porta de vidro, abrindo e fechando-a vagarosamente, fazendo desenhos com giz no chão. Ciente de que algo importante se passava ali, ela se aproximou e perguntou-lhe o que estava fazendo. Recebeu a seguinte resposta: "Estou capturando o arco-íris!". Dia após dia, ele mexia a porta, investigava os efeitos da luz do sol incidindo no vidro e os marcava no chão com giz, observando as pequenas alterações que aconteciam.

A professora demorou seu olhar no menino ao longo daquele período, o que gerou uma abertura de tempo para ambos, na qual ele pôde viver e compartilhar sua experiência – que precisa de clareiras no tempo para se efetivar. Ao respeitar a subjetividade do menino, a educadora também foi tocada, a ponto de nos relatar esse acontecimento. São as pequenas descobertas que compõem nossos mundos. Ao ouvirem o relato dessa experiência, outras docentes comentaram que a tendência, na escola, seria chamar o menino para se juntar às outras crianças em brincadeiras, o que teria interrompido e impedido aquela experiência, normatizando o momento.

Atualmente, a educação escolar tem se deparado com o desafio de possibilitar a formação humana das crianças, ao mesmo tempo que precisa lidar com conteúdos padronizados e objetivos planificados. A determinação de apresentar dados quantitativos à sociedade, por meio das inúmeras avaliações em larga escala que aferem "a aprendizagem", acaba por reforçar o foco nos resultados, nas pontuações, mais do que na formação de cada criança. Entretanto, a educação não é mensurável, objetivamente acessível, e esse movimento desconsidera o fator humano, a subjetividade.

Os resultados quantitativos são cobrados das redes de ensino, unidades escolares, e dos educadores, que, para atingirem metas impostas, muitas vezes passam a ver os estudantes apenas como aqueles que desempenham, em vez de sujeitos. A avaliação e o acompanhamento das aprendizagens das crianças são muito importantes, mas devem levar em conta quem são elas, suas maneiras peculiares de ser e apreender o mundo. Resultados quantitativos, se bem trabalhados, podem atuar como bússolas para a elaboração de políticas públicas, na medida em que ajudam a identificar necessidades e pontos de atenção. Contudo, não podemos deixar de frisar a importância de os dados quantitativos aliarem-se aos qualitativos.

Assim, em diálogo com resultados quantitativos, lança-se mão de observação em sala de aula, análise de portfólios, registros e relatos. No caso da leitura e da formação de leitores, para além de se analisar a fluência leitora das crianças ou a extensão de seu repertório literário, pode-se observá-las em rodas de conversas em torno da leitura: quais são suas colocações, interpretações e associações a respeito de um texto lido? O que comentam, como levam em consideração o que os outros dizem, quais referências trazem? Que relações estabelecem com outros textos, com a forma como se organizam, enquanto literatura? Quais são as conexões com a própria vida, com o mundo?

Desse modo, a BNCC apresenta avanços ao afirmar a importância de uma educação integral, reconhecendo que o desenvolvimento humano é múltiplo, não linear e atravessado por diferentes dimensões: cognitiva, afetiva, social, ética e estética. Por essa perspectiva, formar não é apenas transmitir conteúdos, mas criar condições para que as crianças, os estudantes sejam pessoas que vivem, sentem, pensam e agem sobre o mundo a partir de encontros significativos com os outros, com a linguagem e com o ambiente.

A educação integral se aproxima da ideia de experiência como eixo estruturante da aprendizagem. A escola não é apenas lugar de instrução, mas espaço onde podem se articular o vivido e o saber, o que supõe assumir o tempo da infância, seu modo de conhecer e de se expressar em continuidade com o que se propõe na Educação Infantil. Nessa etapa, os campos de experiência organizam o currículo, tendo as brincadeiras e as interações como aspectos centrais do processo educativo. Tais campos não são compartimentos isolados, mas territórios vivos de experiências que se entrecruzam no cotidiano das crianças, ao conviverem com os outros e explorarem o espaço, ao entrarem em contato com manifestações artísticas, expressarem-se corporal e verbalmente, relacionarem-se com o tempo e a natureza.

CAMPOS DE EXPERIÊNCIAS

Os campos de experiência não devem ser aproximados de práticas pedagógicas tradicionais, não constituem uma nova roupagem para elas, tampouco correspondem às áreas de conhecimento, de modo que seus resultados não podem ser reduzidos ou encaixados em propostas já formatadas. Evidentemente, há que ter, na escola, objetivos ou expectativas de aprendizagem que respeitem a singularidade de cada criança, ao mesmo tempo que guardam intenções educativas.

Em 2021, analisamos a reestruturação do currículo de Educação Infantil de um município brasileiro, com base na BNCC. Encontramos o exemplo de uma proposta que preconizava uma possível, mas enganosa, integração de alguns campos de experiências e que consistia na leitura de um conto de fadas e seus desdobramentos.

Imediatamente nos chamou a atenção a expressão utilizada: "Trabalhar a história", em vez de "ler". Percebemos que o conto se tornou pretexto para uma abordagem bastante arrevesada, tanto dos campos de experiências quanto da própria leitura, ao elencar uma série de atividades que supostamente promoveriam aprendizagens das crianças. Por exemplo, visando abarcar o campo de experiências "O eu, o outro e o nós", sugeria-se abordar, a partir da história da Chapeuzinho Vermelho, os sentimentos e as emoções dos personagens. Tendo em vista a aprendizagem da "comunicação de ideias", professoras e professores eram instruídos a autorizar as crianças a compartilharem suas impressões e sentimentos e a provocar o reconhecimento de alguns comportamentos sociais na narrativa, definindo-os como adequados ou inadequados, segundo um viés moralista.

Nesse caso, há uma ideia distorcida do que seja tal campo de experiência. A roda de leitura e a abertura de um espaço para diálogo já são, em si, situações que incluem o eu, o outro e o nós, porque há a escuta do outro e de si mesmo quando se compartilham diferentes percepções e pensamentos sobre a história. Desse modo, também colocava de escanteio o que seria a essência de uma leitura literária coletiva – a fruição, acompanhada da troca de olhares e impressões por meio da conversa, fazendo circular diversos sentidos construídos.

Em uma tentativa de abordar o campo de experiências "Traços, sons, cores e formas", a sugestão era que as crianças observassem e nomeassem os traços, as cores e as formas das ilustrações do livro lido. Que imitassem as vozes dos personagens e que, após a leitura, desenhassem e fizessem dobraduras, tendo como referência elementos da narrativa. Dessa maneira, a história estava sendo vista como centro de interesse, do qual derivam atividades que ocupam as crianças e que produzem um resultado palpável, mas distante dos efeitos que o encontro com o conto poderia suscitar. Novamente, a história é usada como pretexto.

Seria desejável – e intimamente relacionado à fruição literária – que a proposta fosse, por exemplo, apreciar as ilustrações, destacando o que chama a atenção de cada criança, ao que as remetem e as fazem sentir, pensar e relacionar. Poderia também se sugerir uma conversa sobre o que a ilustração conta que o texto não traz; chamar a atenção para a técnica usada pelo ilustrador; discutir o que as cores de cada cena sugerem em termos do clima da história, e assim por diante. Dessa maneira, o campo de experiências citado estaria contemplado.

O controle inerente às práticas tradicionais pode impulsionar o esvaziamento da participação autoral dos pequenos, passando por cima dos sentidos que podem ser construídos por eles. O olhar e a escuta de professoras e professores são direcionados para a busca de indícios que confirmem os resultados preconizados, em vez de terem sua atenção voltada para as crianças e suas experiências – disponíveis para percebê-las. Podemos falar de normatização: a professora ou o professor é colocado em uma posição de ensinar a todos da mesma maneira e, portanto, esperar o mesmo resultado, no mesmo período. Sem dúvida, há aprendizagens que devem ser garantidas a todos, mas é preciso haver espaço e tempo para a manifestação das especificidades de cada estudante.

Evidentemente, estamos diante de um grande desafio, pois educar na e a partir da experiência é muito mais difícil do que um ensino dentro da norma, na medida em que guarda o imprevisível e, aliás, conta com ele. Nesse sentido, é necessário que se invista muito na observação e na escuta dos estudantes, acompanhando seus caminhos e descobertas. E que essa observação, constante e delicada, essa atenção aos processos, seja motivo de reflexão e alimento para o planejamento de novas propostas.

Tudo isso exige trabalho colaborativo, apoio às professoras e aos professores, horas de pesquisa, estudo, e muito espaço para a formação e para a criação no trabalho docente. Difícil, sabemos. Mas também muito mais interessante e transformador. Isso pode promover uma educação formativa, que se importa e se compromete com cada estudante e com o coletivo, em todas as etapas da escolaridade.

Embora os campos de experiências estejam presentes apenas na BNCC da Educação Infantil, a noção de experiência se mantém nos outros segmentos. Com o intuito de superar as rupturas que ocorrem na passagem da Educação Infantil para o Ensino Fundamental, o documento que se refere aos anos iniciais dessa etapa os reconhece e valoriza, apontando

> para a necessária articulação com as experiências vivenciadas na Educação Infantil. Tal articulação precisa prever tanto a progressiva sistematização dessas experiências quanto o desenvolvimento, pelos alunos, de novas formas de relação com o mundo, novas possibilidades de ler e formular hipóteses sobre os fenômenos, de testá-las, de refutá-las, de elaborar conclusões, em uma atitude ativa na construção de conhecimentos. (Brasil, 2018, p. 57)

Assim, a passagem de uma etapa a outra se pareceria mais com um desdobramento, no qual o brincar se transforma, mas não desaparece; a leitura e a escrita ganham densidade, mas continuam vinculadas ao desejo, à curiosidade e ao gesto criador das crianças, em situações plenas de sentido e de significado. É preciso zelar para que as experiências das crianças, estudantes e professores e professoras não sejam impedidas pelo enquadramento dos componentes curriculares, uma vez que elas são o cerne da aprendizagem.

Nosso tema, neste livro, é a leitura literária vivida enquanto experiência no ambiente escolar. Ou melhor, as leituras literárias considerando a diversidade de literaturas que se apresentam na contemporaneidade e que suscitam variadas práticas sociais. O que buscamos investigar e explorar são as condições que precisam estar presentes na escola para que, de fato, os leitores possam se transformar no encontro com a ficção.

2

ENTÃO, O QUE SIGNIFICA UMA EXPERIÊNCIA LITERÁRIA?

O leitor literário é suscetível a viver uma experiência. Literatura é o lugar da arte: isso cabe na escola?

E paira no ar o eterno mistério dessa necessidade da recriação das coisas em imagens, para terem mais vida, e da vida em poesia, para ser mais vivida.

Mario Quintana (2006, p. 527)

Os humanos são seres de linguagem. Desde antes de sua concepção, uma criança é falada e, ao nascer, é envolta em um manto de linguagem: desejada ou não, é comum ouvirmos vaticínios sobre seu futuro, como "será uma pianista, pois tem os dedos compridos do tio" ou "será um cozinheiro de mão cheia, pois tem os olhos da avó". Na família, o bebê vai sendo banhado pelas palavras e, dessa maneira, pela cultura, o que o insere em uma ordem simbólica e permite sua constituição enquanto sujeito, contribuindo para sua maneira peculiar de ser, sentir, pensar e agir. A linguagem nomeia a ausência: as palavras passam a representar o que não está presente.

Além das narrativas familiares que fazem parte da vida de cada um, os encontros com as histórias lidas e ouvidas, ou seja, com as literaturas, permitem às crianças adentrarem o mundo, pois trazem "uma espessura simbólica, imaginária", como afirma a antropóloga francesa Michèle Petit (2019, p. 19). O mundo do bebê passa a ser um universo de palavras, composto pelas narrativas da mãe ou cuidador ao nomear suas expressões; pelas histórias contadas e lidas; pelas canções de ninar que embalam seu sono e encarnam a musicalidade da língua materna. Mais do que palavras utilitárias, esses textos que envolvem a constituição do bebê e seu crescimento trazem ritmo e abertura de sentidos.

A comunidade toda participa da transmissão cultural, contribuindo para que o pequeno ser recém-chegado ao mundo seja a ele apresentado – gestos, cantigas, modos de comer, maneiras de vestir, formas de dormir, histórias, objetos, que incluem os livros. Isso é feito também por meio da disposição de palavras e histórias que propiciam a construção de si e de seu pertencimento a essa cultura, marcada por formas de sociabilidade.

Entretanto, é importante frisar que transmissão cultural difere de reprodução. Por meio da transmissão, apresenta-se o mundo às crianças, e elas vao interpretá-lo e construir sentidos próprios a seu respeito. Relembramos, aqui, o que diz Hannah Arendt (2007): nossa responsabilidade pelo mundo requer que o apresentemos às novas gerações e permitamos que elas o renovem. Que tenhamos claro, então, que as crianças são ativas em seu encontro com as culturas material e imaterial de seu meio: são por elas influenciadas, ao mesmo tempo que as produzem.

Todas as sociedades contaram e contam suas histórias para compreender a existência, para falar de si, como meio de lidar com o assombro e o enigma do humano. A chegada da escrita e o registro das narrativas ampliaram as possibilidades de encontros de cada leitor com uma infinidade de histórias. A literatura permite atribuirmos sentido ao vivido e, ao fazê-lo, elaboramos uma significação de nós e do mundo. Larrosa nos ajuda a entender isso ao afirmar que

> quando fazemos coisas com as palavras, do que se trata é de como damos sentido ao que somos e ao que nos acontece, de como correlacionamos as palavras e as coisas, de como nomeamos o que vemos ou o que sentimos e de como vemos ou sentimos o que nomeamos (2016, p. 17).

A literatura nos empresta palavras e imagens para que possamos encontrar meios de narrar nossas experiências. Lemos com as crianças para que elas possam, igualmente, contar suas histórias de vida – imergindo nas histórias contadas e lidas, elas, pouco a pouco, passam a narrar as suas. Lemos para franquear-lhes um dos patrimônios humanos: a literatura.

A escritora argentina María Teresa Andruetto (2012, p. 54) afirma que "uma narrativa é uma viagem que nos remete ao território de outro ou de outros, uma maneira, então, de expandir os limites de nossa experiência, tendo acesso a um fragmento de mundo que não é o nosso". Ler é estar, ao mesmo tempo, consigo e com muitos outros. Ler literatura é aceder ao que a humanidade produziu a seu próprio respeito, por meio da tessitura das palavras. Ao ler, anexamos novos mundos ao nosso universo. Como diz o escritor argentino Alberto Manguel (2006, p. 83), a literatura consiste "na experiência resgatada das páginas e novamente transformada em experiência, em palavras que refletem tanto no mundo exterior como no próprio ser do leitor".

Assim como a vida, a literatura não é terreno seguro e espaço de certezas. Ao contrário, é risco, aborda limites, avança bordas, revela o difícil, o estranho, o diverso e o que não pode ser controlado, o inapelável. Não oferece respostas, mas nos ajuda a interrogar o mundo e abre um leque de significações sobre a existência, encorajando-nos à experiência do humano.

LITERATURA É DIREITO

A palavra "literatura" deriva de "*littera*", do latim, que significa "letra". Quando pensamos em letra, logo nos vêm à mente a linguagem verbal, a oral e a escrita. Mas nem toda linguagem verbal é literatura. Nós a entendemos como a arte da palavra, que remete à ficção.

O crítico literário estadunidense James Wood (2011, p. 12) explica que "literatura é, ao mesmo tempo, artifício e verossimilhança", apontando que a ficção não se refere à realidade, mas é um dispositivo fechado, um mundo coerente. Fazemos coro ao professor e crítico literário brasileiro Antonio Candido quando afirma que entende literatura de uma maneira ampla, em que estão incluídas

> todas as criações de toque poético, ficcional ou dramático em todos os níveis de uma sociedade, em todos os tipos de cultura, desde o que chamamos de folclore, lenda, chiste, até as formas mais complexas e difíceis da produção escrita das grandes civilizações (2011, p. 176).

A literatura possibilita um afastamento do cotidiano, convida-nos para submergir em mundos ficcionais, imaginados pelos autores – ficções inventadas para dar sentido ao caos da vida e, dessa maneira, ordená-lo. As narrativas a que temos acesso nos constituem, oferecendo-nos um catálogo de destinos humanos, como bem colocou o escritor italiano Italo Calvino (1992), na introdução de suas *Fábulas italianas*, e, assim, nossa perspectiva sobre a humanidade se alarga – passamos a conhecer outras maneiras de viver e de ser.

Podemos sentir-nos parte da humanidade, conhecendo e convivendo com jeitos diversos de ser e estar no mundo e entendendo que a nossa forma de viver é apenas uma, entre infinitas. Encontramos outras vidas, novos lugares, diferentes modos de ser e de lidar com a complexidade da existência; vestir a pele do outro e, assim, nos aproximarmos da diversidade humana e de seu mistério. O filósofo italiano Giorgio Agamben traduz isso da seguinte maneira:

> O leitor, ao acompanhar o enredo de situações e eventos que o romance tece, piedosa ou ferozmente, em torno de sua personagem, participa de certa forma da sorte desta e introduz de algum modo sua própria existência na esfera do mistério. (2018, p. 30)

É também na literatura que buscamos e encontramos aspectos de nós mesmos que muitas vezes nos são desconhecidos, mas que reconhecemos nas vozes dos personagens, esses outros diferentes de nós, que, por existirem, propiciam a cada qual que se reconheça como "eu". Andruetto (2017, p. 29) explica que, ao ser lido, um livro se converte "num ser vivo, capaz de nos interrogar, de nos perturbar e de nos ensinar a olhar zonas ainda não compreendidas de nós mesmos".

A literatura é um direito, como já postulou Antonio Candido (2011), uma vez que a ficção é condição da existência humana – ela abre clareiras em nossa vida, permitindo-nos devanear, fabular, nos reinventar e reimaginar a vida ao habitarmos outros mundos. O escritor israelense Amós Oz traduz essa percepção quando de seu encontro com a literatura:

> Eu precisava de um bom tempo para voltar a este mundo. Como alguém que, tendo se afogado ou desmaiado, retornasse bem devagar, contra sua vontade, de muito longe, de distâncias inimagináveis, ao vale de lágrimas dos singelos deveres cotidianos. (2005, p. 33-34)

Ao responder por que ama a literatura, o historiador e ensaísta búlgaro radicado na França Tzvetan Todorov escreveu:

> Somos todos feitos do que os outros seres humanos nos dão: primeiro nossos pais, depois aqueles que nos cercam; a literatura abre

> ao infinito essa possibilidade de interação com os outros e, por isso, nos enriquece infinitamente. Ela nos proporciona sensações insubstituíveis que fazem o mundo se tornar mais pleno de sentido e mais belo. Longe de ser um simples entretenimento, uma distração reservada às pessoas educadas, ela permite que cada um responda melhor à sua vocação de ser humano. (2020, p. 23-24)

A literatura alimenta nossa alma, apresenta novas perspectivas e desperta sensações originais, amplia as possibilidades de cada um interagir e estar no mundo, celebrando o encontro com os outros, com a alteridade.

LITERATURA É ARTE

Uma das características da literatura, por ser arte, é a estética: a maneira singular pela qual o autor tece as palavras para produzir imagens com seu texto e como esse trabalho afeta o leitor. Ter uma experiência estética literária relaciona-se, assim, tanto com a percepção do texto, como com as reações que esse encontro provoca no leitor: as emoções, as sensações, os pensamentos, os atravessamentos. Ao refletir sobre as características da obra de arte, seja no formato que for – artes visuais, música, dança, literatura –, o crítico e escritor mexicano Octavio Paz desenvolve:

> [...] a pedra da estátua, o vermelho do quadro, a palavra do poema não são pura e simplesmente pedra, cor, palavra: encarnam algo que os transcende e transpassa. Sem perder seus valores primários, seu peso original, são também pontes que nos levam à outra margem, portas que se abrem para outro mundo de significados inexprimíveis pela mera linguagem. Ser ambivalente, a palavra poética é plenamente o que é – ritmo, cor, significado – e, também, é outra coisa: imagem. A poesia transforma a pedra, a cor, a palavra e o som em imagens. E essa segunda característica, ser imagens, e o estranho poder que elas têm de suscitar no ouvinte ou no espectador constelações de imagens, fazem de todas as obras de arte poemas. (2012, p. 30)

Ao buscar definir o que é poesia por meio daquilo que sente, a escritora estadunidense Emily Dickinson escreveu em uma carta a T. W. Higginson, em 16 de agosto de 1870:

> Se eu leio um livro e ele deixa meu corpo todo tão frio que nenhum fogo pode me aquecer, eu sei que isso é poesia. Se eu me sinto fisicamente como se o topo da minha cabeça tivesse sido arrancado, eu sei que isso é poesia. Estas são as únicas maneiras que eu conheço. Existe alguma outra?[2] (2016)

A leitura literária é experimentada no corpo da escritora como sensação, portanto inabarcável previamente, impossível de ser transferida para outra pessoa, embora passível de ser compartilhada. É o vivido: a experiência que atravessa aquele que lê ou que escuta um texto lido, aquilo que o toca, desloca, co-move. Ao proferir tal comentário, Dickinson praticamente nos pergunta: e para você, como é ser tomado pela poesia? Há algo que acontece em seu corpo? O que sente?

Poesia tem origem em "*poiesis*", do grego, que se relaciona à ideia de "criar ou fazer". Para Aristóteles, *poiesis* é o impulso do espírito humano para criar algo com base na imaginação e nos sentimentos, uma das sendas para chegar à plenitude da vida. A poesia, então, está relacionada à criação, que convoca a inventividade, o inusitado. *Poiesis* tem a ver com imagem, com transformação: criação de novos sentidos e significados da linguagem.

Criamos a partir do que conhecemos. Dessa maneira, quanto mais amplo for nosso conhecimento, mais possibilidades de criação temos. Conhecer, aqui, está associado à experiência, à vida de cada pessoa, inserida em um território, em determinado tempo.

2 Tradução livre das autoras. No original: *"If I read a book and it makes my whole body so cold no fire can warm me, I know that is poetry. If I feel physically as if the top of my head were taken off, I know that is poetry. These are the only way I know it. Is there any other way?"*.

Uma língua tem funções comunicativas, que possibilitam conversarmos uns com os outros e nos fazermos entender – é o valor funcional e pragmático da linguagem. Ela tem também a função de promover uma expressão singular de quem faz uso dela. Por isso, diz-se que a linguagem tem dupla função: comunicação e expressão. Agamben (2018, p. 80) define poesia como "uma operação na linguagem, que desativa e torna inoperantes funções comunicativas e informativas desta, abrindo-as para um possível novo uso". A poesia faz surpresas com a linguagem, inaugura jeitos de usar as palavras, provoca nascimentos. Ela abre pequenas frestas, desencadeia novas percepções, multiplicando os significados.

Quando a palavra evoca uma imagem, ela transcende seus sentidos cotidianamente compartilhados, convida-nos a novas analogias e amplia o nosso pensamento. O escritor albanês Ismail Kadaré relembra com poesia e assombro o primeiro contato com a leitura autônoma de um livro:

> Eu não pegava no sono. Tinha o livro ao meu lado. Silencioso sobre o sofá. Um tanto fino. Fininho até. Assombroso. No interior de sua capa de papelão moravam ruídos, portões, alaridos, cavalos, pessoas. Amontoados. Apertados uns contra os outros. Desmembrados em minúsculos sinais pretos. Cabelos, olhos, estampidos, batidas à porta, vozes, unhas, pernas, portais, muros, sangue, barbas, tropéis de cavalos, ordens. Obedientes. Inteiramente escravizados aos sinaizinhos. As letras corriam com uma rapidez alucinada, para lá e para cá. Corriam os as e os efes, os xis e os ípsilons. Reuniam-se para criar fosse um corcel ou uma bruma. Voltavam à carreira, tratava-se de criar adagas, noites, assassinatos, depois estradas, batidas à porta, silêncios. Corriam. Corriam. Sempre. Sem fim. (2008, p. 67)

O livro a que o autor se refere é a tragédia *Macbeth,* de William Shakespeare (2013), que trata do assassinato do rei da Escócia por Macbeth, convencido por sua esposa: uma história de vingança por ser preterido enquanto sucessor ao trono. Diante do mal causado, o casal enlouquece e acaba morrendo: Lady Macbeth se mata e o marido morre em uma luta. Vemos, nesse trecho, a operação de recriação de imagens na escrita de Kadaré, a partir daquelas propostas pelo grande dramaturgo inglês.

Como na arte, não existe um fim utilitarista para a leitura literária, ainda que não possamos negar seu papel crucial na alfabetização e na apropriação da cultura pelas crianças. Ela não resulta em produtividade ou lucro, não serve para coisas práticas, não pode ser monetizada, mas está na ordem de ações que nos fazem ser quem somos. Britto (2015, p. 13) salienta que "o pragmatismo pedagógico de ensinar e aprender o útil e o necessário" se instalou nas instituições escolares, revelando, ali, uma perspectiva de mundo baseada na produtividade e no consumo: na escola, deve-se aprender algo útil, que sirva para a vida, entendida como a possibilidade de produzir e de trabalhar.

Para que a literatura, como arte que é, esteja presente na escola, faz-se necessário que os educadores estejam atentos para não cair nas engrenagens da produtividade e do consumo a que a instituição escolar é permanentemente convocada e muitas vezes a elas sucumbe.

LITERATURA NÃO É SUBTERFÚGIO

A literatura foi muitas vezes vista como pretexto para ensinar a moral e os bons costumes, como já exploramos no livro *Ler antes de saber ler: oito mitos escolares sobre leitura literária* (Baroukh e Carvalho, 2018). Embora se tenha discutido à exaustão essa ideia e ela venha paulatinamente se ausentando do discurso sobre a formação do leitor literário, ainda resistem, nas escolas, práticas que procuram colocar a literatura sobretudo como subterfúgio para aprendizagens de outros conteúdos.

É o que vemos tantas vezes acontecer quando se escolhe um livro para passar determinada mensagem ou ensinamento. Entretanto, a leitura literária em si não é boa ou ruim, ou, como diz Antonio Candido (2011, p. 178), "não corrompe nem edifica". Ela é formativa, não porque nos ensina bons comportamentos, mas porque nos coloca em contato com nossa humanidade, nos afeta, nos faz sentir outras vivências na pele.

Um texto, para ser literário, não pode se restringir apenas a atender uma demanda, numa lógica de consumo. Por exemplo, com as mudanças culturais em curso na sociedade brasileira em relação ao reconhecimento da diversidade das constituições familiares, têm se buscado incluir esse tema no dia a dia escolar. Afinal, é uma realidade que muitas crianças experimentam. Uma das maneiras de fazer o assunto chegar a todas elas é por meio dos livros, que podem ser veículos eficazes para colocá-lo em pauta.

Podemos nos perguntar de que modo a literatura pode aproximar as crianças dessas realidades diversas. Quando lemos um livro e identificamos claramente aonde ele quer chegar, ensinando os leitores, por meio de uma narrativa, que existem famílias compostas de inúmeras maneiras, que é importante respeitar a diversidade, acende-se um sinal de alerta. Será que esse livro é de fato literatura? Ou seria melhor que ele se assumisse como um livro informativo, cujo objetivo é promover tal reflexão? Há muitas obras de não ficção de qualidade que abordam temas importantes em nosso mundo.

Um bom livro literário faria as crianças se aproximarem dessa diversidade, vivendo em suas peles outras configurações familiares, a intimidade de existências diversas, enredando-as nas singularidades de outras vidas, abordando questões que atravessam a todos nós, revelando a condição humana. Quando isso não acontece, deixa-se de lado a direção plural dos textos para convertê-los em pensamento global, unitário; assim, o literário subordina-se a um fim predeterminado que tende a homogeneizar a experiência. Só isso já é algo que está no sentido inverso do artístico, em que a ambiguidade e o desdobramento de significados predominam (Andruetto, 2012, p. 116).

Ao refletirmos sobre essas questões, lembramo-nos do livro *Aqui e aqui*, de Caio Zero (2023), o qual apresenta o cotidiano de um menino que se questiona como dorme em um lugar e acorda em outro. Ele vive uma realidade comum a muitas crianças brasileiras, cujas famílias são compostas por mães e filhos. Por terem de trabalhar e sustentar a casa, é comum mulheres contarem com a ajuda da comunidade para cuidar de sua prole. Assim, o personagem dormia em sua casa e acordava na casa de uma vizinha, o que constituía para ele um grande enigma. Em meio a uma atmosfera de muito afeto, observamos o cotidiano daquele menino, e também nos aproximamos de seus pensamentos, investigações, e o acompanhamos na resolução desse mistério.

Trata-se de uma obra que valoriza diferentes vozes que não costumamos ver representadas na literatura para as infâncias, que apresenta diversas configurações de cuidados e composições familiares. Por outro lado, há uma universalidade ali, no jeito de a criança pensar e explorar seu entorno. É um espelho comum, em que qualquer leitor pode se mirar.

E POR FALAR EM DIVERSIDADE...

Alguns estudiosos já não se referem à literatura destinada às crianças e jovens como infantil ou juvenil, pois esses adjetivos aventam a ideia de que infância e juventude são momentos da vida que todos experimentam de modo similar. Tem-se usado uma nova denominação, mais abrangente: literatura para as infâncias e as juventudes, de modo a abarcar a diversidade que se faz presente no ser humano e a multiplicidade de culturas em que se realizam.

O fato de haver textos literários endereçados às crianças e jovens não os aprisiona em uma categoria. Muitos livros para leitores de tenra idade são admirados por adultos – tanto por sua força estética quanto pelo diálogo que estabelecem com a vida.

O DESLOCAMENTO PELA FORMA

Por ser experiência, o encontro com a literatura deixa marcas no leitor. Não se trata apenas de levar consigo aquilo que conheceu por meio da leitura, mas o vivido através dela. Algo que permanece nele porque lhe causou certo efeito ou deslocamento – uma frase, um desfecho, o uso de determinada palavra; enfim, uma construção que surpreende pela maneira de narrar.

Uma forma, uma alquimia que só se encontra ali e que, portanto, se apresenta muito diferente, um amálgama que pode ser composto de palavras, ilustrações, *design* e edição – resultando em algo que nunca se viu antes. Mais do que uma ampliação de vocabulário, o que está em jogo é uma expansão da linguagem. Aí está a originalidade: não se trata apenas de contar um novo enredo ou apresentar palavras desconhecidas, mas de encontrar uma forma inédita e memorável de fazê-lo.

Vejamos um exemplo: ao contar uma história bastante familiar, que envolve uma filha, seu pai e sua mãe, Ana Luisa Escorel introduz o leitor na narrativa da seguinte forma:

> — Rua Perdões, por favor. Ali onde a Conselheiro Furtado encontra a Pires da Mota.
> A mãe recitava sempre a mesma cantilena quando tomavam o táxi, no longo intervalo entre o nascimento da menina e a compra do

> Opel 1952. Sem a explicação ficaria difícil. A rua era pequena e se perdia no modesto traçado urbano entre a Aclimação e o Cambuci. (2012, p. 11)

Diante dessa maneira de tecer o texto, somos por ele capturados. O que nos captura? Trata-se de uma frase cotidiana, extremamente banal, dessas que descartamos nos diálogos mais prosaicos, todos os dias, várias vezes. É apenas a direção para determinado endereço. Quem se lembraria de tê-la ouvido?

Todavia, há uma vida sendo narrada nesse trecho, ou seja, a frase – tão simples – foi elevada à literatura e isso nos encanta: há uma torção das palavras. A frase banal passa a revelar a relação entre mãe e filha, o lugar onde moram, a época em que a cena ocorre, a condição social e econômica da família, o clima daquela vida, o jogo da memória, as marcas do que ficou na menina, a reconstituição de um passado vivido. Dá vontade de saber aonde elas vão chegar, conhecer a casa, acompanhar a vida delas. E, além disso, a autora compartilha com o leitor o fato de que aquela frase banal também ficou nela, estabelecendo entre eles um vínculo especial, capturando-o de muitas maneiras.

Vamos ver outro exemplo, desta feita de um texto clássico, *Pinóquio*:

> Era uma vez...
> – Um rei – dirão logo os meus pequenos leitores.
> Não, meninos, vocês se enganaram. Era uma vez um pedaço de pau. Não de madeira de lei, mas um simples pedaço de lenha, desses que no inverno atiramos nos fogões e nas lareiras para acender o fogo e aquecer os aposentos. (Collodi, 2011, p.8)

Nessa passagem, Collodi nos surpreende, mesmo mais de cem anos depois da primeira publicação. Ele parte de um bordão bastante conhecido pelas crianças e que em geral inaugura os contos tradicionais: Era uma vez... Diante disso, o autor supõe a reação de seus leitores para, então, subverter o habitual. O personagem principal não será um rei, mas um reles pedaço de madeira. O autor encanta pelo inusitado do personagem, e também pelo jeito como anuncia sua história.

A liberdade no trato com a linguagem na composição da narrativa, essa transgressão, é o que faz, desses textos autorais, literatura – que tem o potencial de produzir marcas e atravessamentos nos leitores.

Formar o leitor de literatura, tomada como arte, é levá-lo a reconhecer todos esses fundamentos que subvertem a lógica de uma linguagem mais usual, ou prosaica, e, assim, evidenciar as características de uma elaboração poética, que coloca a língua em outra qualidade de expressão, que não a comum, possibilitando uma experiência singular em quem lê.

LEITURA LITERÁRIA NÃO É HÁBITO

Por ser experiência, a leitura literária está na ordem de coisas vividas e que não podem ser mensuradas, traduzidas em notas escolares, previstas ou aprisionadas em um hábito. Ainda ouvimos frequentemente, na escola e nos espaços de formação de educadores, que é preciso constituir o hábito da leitura entre os estudantes. Graciela Montes (2020, p. 243) anota que muitos associam a educação ao hábito: "Educar, para alguns, é treinar. Quando se usa a palavra 'treinar', pensa-se sobretudo na docilidade, na obediência, na ordem. Aqueles que falam em treinar costumam falar também em 'criar hábitos'. Por exemplo, o hábito de ler".

Contudo, hábito é exatamente a antítese da concepção de leitura como experiência. Hábito é aquilo que fazemos sempre do mesmo jeito, algo que se automatiza, que fazemos sem pensar, que não aspira ao inesperado. Alguns exemplos: o hábito de escovar os dentes três vezes ao dia; de se deitar e se levantar cedo ou tarde; de caminhar até o trabalho... Podemos dizer até que lemos todos os dias, mas o que acontece em nossa relação com o texto, os sentidos que atribuímos – ou seja, a experiência que podemos viver –, não se encaixa naquilo que identificamos como hábito. A experiência que temos com a leitura guarda sempre espaço para o inédito em nós, e, se assim não for, será apenas repetição.

Sabemos, entretanto, que, para poder vivenciar a literatura com tudo o que ela oferta, é preciso que sua presença esteja garantida no cotidiano. Aí, sim, poderíamos falar de repetição, no sentido de reeditar práticas com sentido, inserindo a leitura e o livro na rotina escolar.

A literatura tem um aspecto inventivo em sua origem, pois o autor, ao ficcionar, cria outros mundos, propiciando novas perspectivas do humano. A invenção também faz parte do encontro do leitor com o texto. A literatura oferta histórias que só se completam com os olhos de quem lê. Ao ler, a pessoa cria imagens e novas possibilidades de existência. Não seria esse, mesmo, o cerne da educação e a razão de ser das escolas? Ampliar os horizontes dos estudantes, possibilitar a criação de mundos melhores, a invenção de diversos modos de vida? Ou desejamos que a escola apenas instigue seus estudantes a reproduzir o que já existe, aprisionando-os em uma única e repetida maneira de viver?

O ENCONTRO COM A LEITURA LITERÁRIA

Enquanto experiência, a leitura literária acontece em terreno subjetivo, embora tenha no texto o seu pilar, já que é dele que partimos; não há leitura sem leitor. O texto é, ele existe, mas não é possível pensar a literatura sem considerar aquele que lê – sua biografia, seu vocabulário pessoal, sua relação com as palavras, sua história de leitor, o propósito, o momento e o contexto em que lê. Ler é construir sentidos, é também engendrar imagens, e todos esses aspectos – e outros mais – participam da negociação que se dá quando um leitor se encontra com um texto.

O crítico literário Constantino Bértolo (2014) nos ajuda a entender o que acontece nesse encontro ao definir quatro camadas que atuam na leitura literária, conceituando certa "geologia da leitura". Nessa geologia, atuam os níveis textual, autobiográfico, metaliterário e ideológico. Mesmo sem termos plena consciência de que os acionamos, eles estão presentes na experiência de leitura literária.

Diante da arquitetura das palavras do texto, o leitor atribui significados. Participam dessa arquitetura o estilo do autor, as palavras que ele escolhe para tramar o texto e a maneira como o faz. Por exemplo, o verso de Fernando Pessoa (2006, p. 146) "Navegar é preciso, viver não é preciso" nos permite várias camadas de interpretação. Entendemos que se trata de uma analogia entre a navegaçao e a vida. Entretanto, a escolha do termo **preciso** abre um campo de possíveis entendimentos: ele se relaciona à necessidade, mas também à precisão. Diante desse verso, o leitor imprime sentido a ele. Pode – ou não – entrar no jogo proposto pelo autor, aprofundando-se nas camadas ali presentes.

Ao ler, entram em jogo a história de cada um, a narrativa pessoal, o léxico particular, forjado a partir da biografia. Os sentidos pessoais que atribuímos a determinadas palavras se somam aos sentidos comuns do texto. O antropólogo francês David Le Breton afirma que

> o sentido não está contido nas coisas como um tesouro escondido, ele se instaura na relação do homem com elas, e no debate travado

> com os outros por sua definição, na complacência ou não do mundo a alinhar-se nessas categorias (2016, p. 29).

Podemos entender o vocabulário pessoal da seguinte maneira: ao ler a palavra "infância", acionamos nossa relação com o vivido nesse período da vida. Quais sentidos estão associados à nossa própria infância? Ela foi, em boa parte, feliz? Tivemos muitos momentos difíceis, que se tornaram a marca daquele período? Sofremos perdas, não fomos protegidos o suficiente? Temos saudades dessa época? Enfim, aquilo que guardamos de nossa vivência desse período está presente também quando lemos a palavra. Amós Oz nos ajuda a entender:

> As palavras "chalé", "prado" e "pastora de gansos" me fascinaram e comoveram durante toda a infância (...) Bastava sussurrar pra mim mesmo "prado" – e já ouvia os mugidos das vacas com seus sininhos pendurados no pescoço e o murmúrio dos regatos. De olhos fechados, eu contemplava a linda pastora de gansos, que para mim era sexy até as lágrimas, antes mesmo que eu entendesse alguma coisa. (2005, p. 9)

Esses termos, para o autor, vêm carregados de imagens peculiares, tomam sentidos próprios que podem não ser compartilhados por outros, pois se relacionam com suas memórias, com aquilo que apenas ele viveu.

Participa da leitura, também, nossa própria biografia literária e a história da literatura. Tal como expressa Bértolo, a "leitura cria ecos de outras leituras" (2014, p. 54). Ao mesmo tempo que acionamos nossas leituras anteriores, apoiamo-nos em referências mais gerais. Há obras que pertencem a certas famílias, dialogam com outros textos, seja pela época em que foram escritos, seja pelo tema ou até mesmo pela sua poética, e é provável que, diante de livros aparentados, estabeleçamos relações entre eles.

Por exemplo, ao escrever "Com licença poética", a poeta mineira Adélia Prado faz uma referência ao "Poema de sete faces", de Carlos Drummond de Andrade. Prado (2015, p. 17) escreve: "Quando nasci, um anjo esbelto, / desses que tocam trombeta, anunciou: [...]". Ela dialoga com as palavras de Drummond (1978, p. 3): "Quando nasci, um anjo torto / desses que vivem na sombra / disse: [...]". Conhecendo os dois poemas, podemos perceber que a autora insere e fortalece a voz feminina, ao referir-se a uma obra muito conhecida na literatura brasileira. Em seu poema, o anjo profetiza o papel de destaque que ela terá em vida. No caso de Drummond, o anjo vaticina que ele não se encaixará nos padrões sociais esperados e viverá à margem.

O próprio título escolhido pela autora remete à transgressão da linguagem, à desobediência às regras, justificada pela harmonia do texto, o que está condensado na expressão "licença poética". Ao incluir a palavra "com", ela cria novos sentidos, pedindo licença para entrar no poema de Drummond e reinventá-lo à sua maneira.

A beleza da relação entre nossa bagagem literária e novos textos com que nos deparamos é que mesmo as obras que nos habitam há tempos – nossos livros de cabeceira, que pensamos conhecer tão a fundo, com suas passagens decoradas e inúmeras vezes revisitadas – podem ganhar perspectivas e significações surpreendentes ao conhecermos uma nova narrativa.

Lembramos aqui de um exemplo. Após lermos algumas vezes o belo e delicado livro *O lenço branco*, do romeno Viorel Boldis (2013), sua leitura ganhou outros sentidos ao conhecermos a obra *Sempre a mesma neve e sempre o mesmo tio*, de sua conterrânea, Herta Müller (2012), ambas narrativas autobiográficas.

O lenço branco, livro voltado para as infâncias, conta a história de migração de Viorel. Quando jovem, ele deixa a aldeia de seus pais, a pequena Oradea, para tentar a vida em outras paragens. O pai, magoado com a partida de seu único filho, vaticina: "Se quiser ir, vá, mas não olhe para trás, não tenha remorso. Vá embora para sempre" (Viorel, 2012, p. 17). O jovem se vai e a comunicação com os pais é interrompida por alguns anos, até que ele resolve retornar. Nessa volta, o lenço branco, um código estabelecido na infância entre mãe e filho, que acenava a possibilidade do retorno para casa depois de brigas com o pai, ganha uma dimensão especial.

Anos depois, deparamo-nos com o livro de ensaios autobiográficos de Herta Müller, autora ganhadora do prêmio Nobel e que também vive exilada do mesmo país. Em um de seus escritos, Herta menciona a importância do lenço na cultura romena: "Naquela época, nenhum outro objeto na casa, tampouco nós mesmos, era tão importante quanto o lenço". E, então, segue arrolando de maneira poética os diversos usos desse pedaço de pano:

> Ele tinha uma utilidade universal para resfriados, sangramentos nasais, mão, cotovelo ou joelho machucados, para chorar nele ou mordê-lo e abafar o choro. O lenço úmido na testa, molhado, servia contra dor de cabeça. Com quatro nós nos cantos, servia de proteção de cabeça contra queimadura solar ou chuva. Se alguém quisesse se lembrar de algo, dava um nó no lenço para ajudar a memória. Para carregar sacolas pesadas, ele era enrolado na mão. Tremulante, transformava-se em um gesto de despedida, quando o trem saía da estação. [...] No vilarejo, quando alguém morria em casa, seu queixo era imediatamente amarrado com um lenço. [...] Quando alguém morria na calçada da cidade, sempre havia um passante que cobria o rosto do morto com seu lenço. (2012, p. 12)

Depois dessa leitura, o lenço de Viorel saiu de uma zona simplesmente familiar para ganhar nova dimensão, passando a objeto cultural que nos dizia também do povo romeno. O lenço de Herta modificou o lenço de Viorel, adicionando camadas de sentidos na leitura do livro tão conhecido.

É preciso lembrar que nenhuma leitura está isenta de seu tempo. Há sempre uma narrativa comum sendo tecida em cada época e lugar. Narrativa essa que envolve valores, convicções, acordos e saberes gerais. E as leituras também sofrem influência dessa narrativa comum, desse caldo cultural.

María Teresa Andruetto (2017, p, 21) explica que "as subjetividades de quem escreve e de quem lê são sempre caixas de ressonância do social e que toda palavra individual é um concerto de ecos e de dissidências com a palavra social". A leitura literária é, afirma a autora, uma revolução de sentidos. Por isso, faz-se fundamental buscar ativamente e dar acesso a literaturas plurais, que possam dar a ver multiplicidades de culturas, modos de ver o mundo, maneiras de viver a vida, revolucionando os sentidos continuamente.

Celebrar a pluralidade de culturas e perspectivas não se restringe à escolha de livros, mas também às formas de aproximação, que podem modificar-se com o tempo, assumindo leituras críticas de obras consagradas. Um exemplo: atualmente, não lemos Monteiro Lobato como o fazíamos há cerca de trinta anos. A sociedade mudou, colocou em pauta a discussão sobre o racismo, sobre a importância e necessidade de sermos antirracistas, de desconstruirmos o racismo estrutural presente e entranhado na sociedade brasileira. Certamente, isso influencia a leitura que fazemos das obras desse autor, que as escreveu logo após a abolição da escravatura e que chegou a assumir posicionamentos eugenistas.

Torna-se crucial para tal leitura entendermos o contexto em que seus livros foram escritos e olhar para eles criticamente, explicitando e discutindo a ideologia presente. Vale ressaltar que, embora sejam obras clássicas da literatura para as infâncias, os livros de Monteiro Lobato podem, ou não, fazer parte do currículo literário das escolas. Se escolhidos, é fundamental que professoras e professores não só se preparem para a leitura, levantando questões que abordem o contexto, mas também que considerem os efeitos que tal leitura poderá surtir entre as crianças.

Ainda que Monteiro Lobato esteja no cerne das discussões em torno do racismo existente nos textos, é preciso lembrar que praticamente todas as obras escritas em tempos mais distantes podem apresentar questões que envolvem preconceitos de cor, gênero, idade... Sendo assim, evidenciar a presença dessas violências é um cuidado que se deve tomar ao lê-las, haja vista que, na escola, assumimos um compromisso ético com a formação cidadã de nossos estudantes.

3

FAZER DA ESCOLA O LUGAR QUE FAVORECE AS EXPERIÊNCIAS LITERÁRIAS

Acervo, tempos e espaços para a mobilização de experiências cotidianas de leitura literária na escola.

No tempo atemporal, no espaço impalpável – que só existem dentro de um livro. É com ele nas mãos que consigo escapar.

Heloisa Seixas (2009, p. 35)

Quais são as condições que sustentam as experiências de leitura literária das crianças, dos jovens e dos educadores e educadoras na escola? Façamos um paralelo com o projeto de construção de uma casa, que inclui o desejo da vida que nela acontecerá. Pensemos em uma habitação que convide ao encontro e convívio entre as pessoas, que tenha aberturas – janelas, portas, claraboias, alpendres e varandas – em diálogo com o exterior, que seja, a um só tempo, aconchegante e surpreendente, guardando possibilidades de inúmeras descobertas: uma fresta, a entrada de luz em determinada época do ano, as cores, os pequenos vãos secretos.

No caso da escola, se entendermos essa instituição como importante morada da leitura literária, há condições que não poderiam faltar em seu projeto e construção: livros, tempos e lugares para ler. Ou, de outra maneira, é preciso se ocupar constantemente da organização dos acervos, dos tempos e dos espaços para a leitura literária, considerando quais são nossas intenções em relação às experiências que devem ser oportunizadas aos leitores. Providenciar tais condições e zelar por sua continuidade são decisões políticas que devem ser permanentemente reafirmadas, na medida em que interferem diretamente no acesso dos estudantes aos livros e na qualidade desse encontro.

ACESSO AOS LIVROS: UM DIREITO

Embora tenhamos observado avanços e um aumento do comprometimento de muitas instituições no que diz respeito à formação de leitores, ainda é comum a existência de uma postura que valoriza o livro como um bem material, mas não a sua leitura. Os livros são vistos como mais um patrimônio da unidade escolar. Percebemos que essa postura muitas vezes envolve educadores que não são leitores.

Recentemente, visitamos unidades escolares de uma rede municipal de Educação Infantil. Notamos, para nossa alegria, que algumas delas tinham um canto de leitura bem cuidado, com vários livros de boa qualidade – textos bem escritos e ilustrações autorais – e bem conservados, ainda que bastante manuseados. As crianças nos contaram sobre as leituras literárias que suas professoras faziam diariamente, relatando seus livros preferidos e nos mostrando que conheciam um amplo repertório.

Em visitas a outras unidades, entretanto, defrontamo-nos com cantos de leitura empobrecidos, habitados por poucos exemplares e de qualidade duvidosa. Muitos dos livros eram edições sem autoria identificável, com adaptações excessivamente simplificadas de contos de fadas, relatos esvaziados de sua potência simbólica e narrativa, com linguagem reduzida a fórmulas rasas e ilustrações repletas de estereótipos visuais. Em vez de ampliar o imaginário das crianças, esses materiais tendem a limitar suas possibilidades de leitura, afastando-as da riqueza estética e literária que deveria marcar os primeiros encontros com os livros.

Ao comparar as duas situações, percebe-se a diferença de acesso das crianças às obras e à leitura, apesar de estarem na mesma rede pública de educação e de as escolas possuírem acervos semelhantes, com muitos títulos enviados por programas de distribuição de livros dos governos municipal, estadual e federal circulando de forma desigual. Em uma das escolas do segundo caso, a diretora até mesmo nos relatou orgulhosamente que possuía um acervo de cerca de 1.900 livros, guardados na sala dos professores, do que se depreende que apenas eles podiam alcançá-los.

Durante a escolaridade, as crianças que frequentam as primeiras unidades vivenciam e experimentam uma pluralidade de narrativas, de maneiras de abordar a linguagem escrita, de autores e ilustradores, de referências estéticas. Ou seja, têm a oportunidade de uma formação humana que lhes possibilitará refletir sobre a vida e sobre os livros literários. Não podemos deixar de considerar que essas crianças chegarão ao Ensino Fundamental com inúmeras vantagens: tendo conhecido e entrado em contato com um amplo repertório de histórias e literariamente alimentadas de vários modos, poderão se valer desses saberes na nova etapa escolar.

Se em uma mesma rede educacional há escolas que oferecem diferentes oportunidades, ela está contribuindo para a perpetuação da desigualdade, que se dá em inúmeros campos de nossa sociedade, inclusive no acesso à leitura e aos conhecimentos que os livros proporcionam.

ACESSO AOS LIVROS: EXPLORAR E CONHECER PARA ENTÃO LER

> Eu tinha muito livro em casa, eu nasci no meio de livros. O andar de cima da minha casa eram livros. Nem o meu pai, nem a minha mãe eram pessoas de indicar livros. Eram leitores, mas não de indicar. O espírito da coisa era o seguinte: os livros estão aí, era como se fosse um pomar, na verdade. Você ia lá e pegava a fruta, experimentava, gostava. Se não gostava, cuspia. Era essa a sensação que eu tinha. Eu brinquei muito com livros, sem ler, porque não sabia ler. [...] Eu tirava os livros das estantes e brincava, de carrinho, fazia casinhas, castelos com os livros, e brincava. (Azevedo, 2009, p. 163)

Em depoimento ao Museu da Pessoa, o escritor Ricardo Azevedo nos revela sua relação com a vasta biblioteca de seu pai, que era professor universitário. Ao comparar a biblioteca a um pomar, o autor nos faz pensar em uma dimensão muito importante para a formação dos leitores: o acesso aos livros desde cedo, muito antes de serem capazes de ler por conta própria.

Em seu relato, nota-se que tal acesso se dá de maneira autônoma, por meio do contato direto do menino com os livros, que iam parar em suas mãos como se fossem frutas maduras colhidas do pé. Aliás, o livre acesso parece de fato marcar a trajetória leitora de várias pessoas que forjaram intimidade com esses objetos ao longo da vida.

Viver em um ambiente repleto de livros permite o engendramento de uma relação muitas vezes transgressora com a leitura, propiciando ao jovem leitor aventurar-se por paragens diversas das "recomendadas", até mesmo pela escola.

Lygia Bojunga é outra escritora que manteve primeiro uma relação de brincadeira com os livros, que faziam as vezes de paredes e telhados de casinhas construídas em sua infância. Em *Livro, a troca*, ela escreve:

> Para mim, livro é vida; desde que eu era muito pequena os livros me deram casa e comida.
> Foi assim: eu brincava de construtora, livro era tijolo; em pé, fazia parede; deitado, fazia degrau de escada; inclinado, encostava num outro e fazia telhado. (2004, p. 8)

Quantas crianças brasileiras têm, em seus lares, a oportunidade de viver entre livros desde cedo, experimentando uma relação de intimidade com eles, antes mesmo de descobrir a leitura? Se essa proximidade não ocorre em casa, certamente haverá de ser a escola o lugar de convívio com os livros, inaugurando a possibilidade de tê-los ao alcance das mãos para explorá-los, talvez brincar com eles, sem cerimônia ou censura – palavras que realmente não combinam com infâncias ou brincadeiras.

Ao relatar suas memórias sobre a infância e os livros, o escritor Lalau (2009, p. 95) diz que "em casa não tinha livro, não fazia parte da casa, infelizmente, mas fazia parte da vida na escola. Eu era curioso. Quando abriram a tal biblioteca, fui lá mexer. Pronto! Fui lá e fiquei conhecendo [...]". A escola deve assegurar oportunidades para que todas as crianças, principalmente aquelas que vivem em ambientes sem, ou quase sem, livros, se aproximem da leitura literária.

Para além de ter livros por perto, é também imperativo que as crianças sejam convidadas, em algum momento, para abri-los e descobrir o que guardam. É preciso que algo deles lhes chame a atenção, que as seduza, as convoque a querer saber mais: o que há ali?

Mais adiante, em seu depoimento para o Museu da Pessoa, Ricardo Azevedo complementa:

> Havia um livro que não sei de onde meu pai tirou, coisa muito antiga, devia ser um livro didático do começo do século, que deve ter vindo pela família do meu pai mesmo ou da minha mãe. Ele encadernou e deu o nome de *Livro de gravuras*. Eram páginas impressas somente de um lado. Acho que era usado para botar na classe e as crianças verem as imagens. Era fantástico, tenho até hoje esse livro, guardado. Eu ficava fascinado, não sabia ler ainda, mas adorava esse livro. Tinha tudo do mundo! Instrumentos musicais, flores, armas, meios de transporte, animais, mamíferos, peixes, cobras, tudo o que você pode imaginar em imagens. Ficava olhando... Eram desenhos muito bem-feitos. Até hoje acho incríveis os desenhos, um realismo legal, com cores bonitas. Sem dúvida, um livro marcante, inclusive para o meu interesse em ser desenhista, porque olhava aquelas imagens e achava maravilhoso como um cara podia desenhar tão bem. (2009, p. 165)

O escritor e ilustrador sentiu grande fascínio por esse livro, pelos desenhos bem-feitos, cuja qualidade estética o encantava. Era um livro de apresentação do mundo, bem-cuidado, com belas ilustrações. Foi isso que provocou o menino e parece ter acendido sua curiosidade: como alguém pode desenhar tão bem? E desenhar tão bem parece ter se transformado em algo a ser perseguido pelo pequeno leitor.

Há uma aposta nas crianças quando promovemos seu encontro com os livros desde cedo, de modo que deles se aproximem, com eles se relacionem de diferentes maneiras, explorando-os. Até que descubram para onde tudo aquilo que constitui esses objetos culturais – formatos, tamanhos, ilustrações, projetos gráficos, tipos de papel, cores, palavras e histórias – pode levá-las, convidando-as a sentir e se emocionar, provocando-as a se interpelar, a se divertir... Em vista disso, Lygia Bojunga segue seu texto da seguinte maneira: "De casa em casa, eu fui descobrindo o mundo (de tanto olhar pras paredes). Primeiro, olhando desenhos; depois decifrando palavras" (Bojunga, 2004, p.8).

Frequentemente ouvimos que as crianças muito pequenas não sabem se relacionar com os livros, que é melhor esperar até que possam compreender como manuseá-los, para então ter contato cotidiano com eles. Por essa perspectiva, acredita-se que, para os pequeninos, deve-se oferecer livros menos valiosos, mais resistentes (cartonados, de plástico, de tecido), sem necessariamente considerar seu conteúdo, seu poder de suscitar experiências no leitor. Todavia, há cuidados a serem tomados na escolha de um acervo destinado aos bebês, que exploram os objetos do mundo com todo o corpo. Nesse caso, livros com tintas atóxicas e papéis resistentes são condições de zelo, tanto com os leitores quanto com a sobrevivência dos livros.

As crianças pequenas só aprenderão a manusear os livros mexendo neles, descobrindo a potência que neles existe, desvendando o mistério que se coloca quando da abertura dessas páginas encadernadas: umas, que falam do mundo; outras, que convidam a imaginar mundos possíveis.

O termo "acesso" deriva do latim "*acessus*", "aproximação, chegada"; vem de "*accedere*" ("*chegar a*"), palavra composta pelo prefixo *ad-* (a ou em) e o radical *cedere* (ir, mover-se). Assim, o acesso aos livros só é verdadeiro se o encontro com eles guardar possibilidade de deslocamento, surpresa, encantamento – enfim, se desencadear experiências. Então, ao escolhermos os livros que ficarão à disposição das crianças, precisamos nos perguntar qual o poder potência que tal seleção terá de afetá-las.

Recentemente, presenciamos a conversa entre duas meninas do primeiro ano do Ensino Fundamental que tinham em torno de 6 anos. Elas estavam na biblioteca da escola, sentadas no chão, em um momento dedicado intencionalmente ao contato direto e à apreciação de livros – cada qual estava com um livro no colo, explorando-o. Em certo ponto, uma delas levanta os olhos e se dirige à amiga, perguntando: "Você tem medo de morrer?", ao que a outra responde: "Eu tenho. E você?". A primeira retruca: "Eu também". E ambas voltaram a folhear os livros. Embora a situação não nos permita perceber exatamente o que tenha provocado aquela pergunta, é provável que algo no livro da primeira menina - como uma ilustração ou a lembrança de um trecho da história - a tenha afetado, remetendo-a à questão atávica sobre a morte.

QUAIS LIVROS?

Além de abrir a possibilidade de viverem experiências no contato com os livros, a constituição de um acervo tem como objetivo assegurar às crianças o direito de participar do mundo das literaturas. Para isso, é preciso considerar: obras que se universalizaram - os clássicos - e as contemporâneas; aquelas que marcaram época e as que produziram fissuras, trazendo novas maneiras de ver o mundo; livros com personagens que participam do imaginário da cultura; obras emblemáticas das infâncias, que pertencem à literatura oral, como os contos de fada e os populares; bem como aquelas que apresentam diferentes culturas, modos de vida e saberes variados.

Dessa maneira, contempla-se a diversidade de autorias e vozes, compondo um repertório que valoriza as origens e a pluralidade de maneiras de ser dos autores e autoras. Isso porque formar um leitor literário implica engajá-lo nesse amplo universo, incentivando sua circulação entre livros produzidos em diferentes épocas e lugares, incluindo aqueles que dialogam com o aqui e o agora.

Para fazer a seleção das obras que vamos deixar à disposição das crianças, é essencial que possamos colocar em jogo múltiplos conhecimentos, em permanente construção. Além de conhecer muito bem o nosso público, seus percursos de leitura, preferências e interesses, há alguns aspectos a considerar: saber o que já se produziu e se produz sobre literatura para as infâncias; conhecer o mercado e olhar criticamente para ele, a partir de certos critérios de qualidade que considerem as narrativas textuais, imagéticas e os cuidados com a edição.

A isso se somam as sugestões de Cecilia Bajour, argentina especialista em literatura, aos educadores e educadoras, para que considerem, em suas escolhas, "textos vigorosos, abertos, desafiadores, que não caiam na sedução simplista e demagógica, que provoquem perguntas, silêncios, imagens, gestos, rejeições e atrações" (Bajour, 2012, p. 27). Livros que apostam na força de convivência de leitores com as obras, ao privilegiarem a polissemia, que, por sua vez, provoca a negociação de sentidos. Textos que perduram nos leitores, permanecem com eles por um largo tempo, pelo efeito estético produzido, como Robledo (2012) apontou em seu artigo "Avaliação e seleção de livros".

Em *Ler antes de saber ler* tratamos de alguns critérios de qualidade que podem nortear a seleção do acervo: a atenção à editora – sua filosofia, coerência do catálogo, que deve apresentar uma seleção literária que vá além de responder aos chamados do mercado; projeto gráfico; autoria e ilustração; qualidade textual, entre outros aspectos.

Chama-nos a atenção que em determinados contextos escolares ainda se observe a priorização da quantidade de livros adquiridos em detrimento da qualidade literária e pedagógica das obras. Assim, os livros mais baratos, muitas vezes sem autoria e sem cuidado editorial algum, portanto, sem qualidade, acabam chegando às mãos das crianças. Em geral, o argumento utilizado é a ampliação do acervo, de modo a dar-lhes acesso a um grande número de publicações.

Embora concordemos com a premissa de ampliação do acervo, fica aqui uma questão. Se já afirmamos que o acesso está relacionado com a experiência que uma leitura literária pode proporcionar, será que oferecer quaisquer livros contribui de fato para a formação de leitores? Acreditamos que não, pois essas leituras não costumam perdurar no leitor, nem concorrem para sua ampliação de mundo, ou desafiam ou instigam a imaginação. Mais vale um acervo menor, de livros cuidadosamente escolhidos, que proporcionem experiências para os leitores, do que um mar de títulos que, por serem vistosos e possuírem ilustrações chamativas, podem até pescar seu interesse, inicialmente, mas não coadunam com o projeto de formação de leitores que a escola deve ter.

Vale a pena frisar que selecionar livros também é valorizar e preservá-los, pois, ao entrarem em circulação, eles continuam vivos. Coloquemos nossa atenção na qualidade do que oferecemos às nossas crianças e aos nossos jovens. Isso inclui a presença de obras que dialoguem com a origem dos leitores que fazem parte de minorias sociais, como os povos originários, as mulheres, os imigrantes, os negros e os quilombolas, entre outros. Ou seja, livros que apresentem personagens e histórias nas quais eles possam se reconhecer, sem estereotipias, para além da experiência estética proporcionada.

Pode-se também colaborar com a formação de leitores que partilhem de um pensamento decolonial, que se desvencilha da lógica de que apenas um mundo e um entendimento sobre ele são possíveis, dando voz e vez para uma multiplicidade de modos de pensar. Um pensamento que celebra a diferença, a diversidade. Ao mesmo tempo, essa atitude colabora para a formação de cidadãos conscientes do racismo estrutural presente na sociedade brasileira, com vistas à construção de uma sociedade mais equânime. Isso certamente não deve ser almejado apenas via literatura, mas ela pode, sim, favorecer essa importante mudança cultural, como sublinha a escritora nigeriana Chimamanda Ngozi Adichie:

> As histórias importam. Muitas histórias importam. As histórias foram usadas para espoliar e caluniar, mas também podem ser usadas para empoderar e humanizar. Elas podem despedaçar a dignidade de um povo, mas também podem reparar essa dignidade despedaçada. (2019, p. 32)

Mesmo diante dos enormes desafios, enfatizamos a necessidade de se destinar uma verba para compras de livros no orçamento da escola. Na rede pública, algumas unidades conseguem estabelecer parcerias com a iniciativa privada, outras destinam a verba do Programa Dinheiro Direto na Escola (PDDE) para que possam viabilizar a ampliação do acervo. As aquisições de novos títulos e reposição dos "maltratados" pelo uso garantem aumento de opções, uma vez que os livros, quando postos em circulação, e, portanto, bem utilizados, têm um tempo de vida finito.

É preciso lembrar permanentemente que tudo o que existe na escola está em prol das experiências e das aprendizagens das crianças. A coleção literária faz parte disso. O descarte de livros danificados ou de edições com ortografia antiga, por exemplo, são um cuidado com o acervo, que precisa da formulação de uma política institucional.

Aqueles que selecionam as obras exercem um poder, uma vez que definem os livros a que as crianças terão acesso. Por uma perspectiva democrática, como a da educação brasileira, esse poder deve estar a serviço da formação crítica de leitores e, portanto, ter compromisso com a diversidade de vozes e de pontos de vista, bem como com a oferta variada de obras que atendam a diferentes gostos e desejos. Então, ao selecionar livros destinados a seus estudantes, é necessário que a professora ou o professor tenha uma visão crítica e, ao mesmo tempo, abra espaço para que as crianças possam expor suas preferências. Esse é um momento em que a educadora ou o educador pode desdobrar a proposta, discutindo com a turma seus critérios de escolha.

Sabemos que quem faz a seleção lança mão de sua formação e gosto pessoal enquanto leitor; entretanto, é preciso lembrar que os livros se dirigem a outros. Por isso, é importante considerar a abertura de olhar para si e para os outros, por vezes tão diferentes, legitimando seus lugares de fala. O contato com autores e autoras indígenas, quilombolas, negros e negras e imigrantes que tratem da realidade de suas comunidades favorece que crianças e jovens que a elas pertencem reconheçam-se dignamente. Ao mesmo tempo, seus colegas podem conhecer outras maneiras de viver, percebendo a beleza da diversidade, sem entrar em juízo de valores de que uma cultura é superior à outra.

Tomemos como exemplo as crenças religiosas: há em nosso país uma grande quantidade de pessoas que seguem os preceitos do cristianismo, em suas diversas ramificações. Evidentemente, isso se reproduz entre os educadores, que não só atendem crianças e jovens de diferentes credos, mas também estão comprometidos com a formação diversa e crítica dos leitores, seus estudantes.

Contudo, ao longo de nossa atuação como formadoras de professores, temos observado que doutrinas pessoais acabam se refletindo nas escolhas de acervos, apesar das orientações das políticas públicas, referendadas pela Constituição Federal (Brasil, 1988), que declara o Estado laico e prevê a liberdade de crença religiosa, proteção e respeito às suas diversas manifestações.

Já nos deparamos com acervos que excluem obras que dizem respeito a religiões de matrizes africanas, não só ignorando que no corpo discente pode haver estudantes que as seguem, mas também o fato de que uma formação plural certamente envolve o conhecimento da diversidade religiosa que compõe o nosso país. A ampliação de conhecimento, acompanhada de conversas que explicitem os vários modos de vida, sem necessariamente destacar um como sendo o melhor, faz parte da formação de cidadãos comprometidos com o respeito às diferenças e à diversidade e, dessa maneira, com uma sociedade mais justa e democrática.

Além do comprometimento e, portanto, do cuidado com o outro, é necessário que a construção do acervo seja pautada pela generosidade, pela perspectiva de ampliar o universo dos leitores para os quais ele se destina; pela humildade, no sentido de perceber e legitimar a existência de diferentes maneiras de conceber a vida e o mundo; e pelo respeito às subjetividades dos estudantes.

O DIREITO DOS LEITORES À ESCOLHA

É necessário dedicar-se também aos momentos de seleção de livros pelas crianças, desde que, evidentemente, garantam-se condições reais para que elas tenham ferramentas para realizar tais eleições, como o acesso direto a livros diversos e de boa qualidade e o contato com mediadores e mediadoras de leitura mais experientes, que explicitem suas seleções, compartilhando critérios utilizados na escolha de livros para ler com a turma de estudantes, por exemplo.

Ao propiciar às crianças o protagonismo na seleção de livros, que comporão o acervo, o educador ou educadora reconhece que elas são seres capazes e que está continuamente aprendendo com elas, e sobre elas. Acompanhar e procurar entender suas predileções nos torna melhores professores, na medida em que conhecemos mais as crianças enquanto leitoras.

A assunção de que as opções pessoais têm seu lugar na escola também evidencia que o percurso de cada leitor é constituído tanto pela formação comum promovida pela escola – que possibilita o contato com esse conjunto múltiplo de obras – quanto pelas preferências particulares que vão se desenhando ao longo da jornada.

Vale pensar no leitor como colecionador: alguém que reúne objetos que dialogam consigo e entre si. Por exemplo, um colecionador de pedras costuma estar atento, em suas andanças, aos cascalhos e seixos que encontra pelo caminho. Coleta, guarda e muitas vezes agrupa seus tesouros. Volta a eles, admira-os, sente prazer em manuseá-los e, por vezes, apenas em olhá-los.

É desejável que essa experiência possa acontecer também com os leitores e suas coleções de livros, compostas por obras que deixam vestígios de sua existência em cada um deles, sejam elas internas – as narrativas que guardam dentro de si – ou externas – formadas pelos livros. Assim, criam-se bibliotecas íntimas, que podem, ou não, ser acompanhadas pela fisicalidade dos livros. Bibliotecas que acabam por constituir o cânone pessoal de cada leitor.

TEMPOS DEDICADOS À LITERATURA

É essencial considerar que ler toma tempo, pois é prática que exige mergulhos, que pressupõe diferentes aproximações: a exploração do acervo, a escolha do livro, a fruição do texto e das ilustrações, a troca com outros leitores, o retorno às passagens marcantes, as pesquisas que o livro nos suscita e que impõem paradas.

A leitura autônoma acrescenta à navegação pelo infinito oceano das histórias a possibilidade de paragens, devaneios e retornos ao texto, quando e como o leitor quiser. Sua conquista traz consigo a criação de um cerimonial íntimo que inclui posições e movimentos corporais, objetos, luminosidade: ler sentado, deitado, reclinado; ao ar livre, dentro da classe, na cama; com luz natural ou luminosidades as mais diversas. Para a realização desse ritual, o tempo é ingrediente fundamental.

Como vimos, o tempo é um aliado da experiência, tempo em suas diversas qualidades: *chrónos*, o tempo do relógio; *kairós*, o da oportunidade; e *aion*, o tempo sem tempo, aquele do devaneio. Como discutimos no primeiro capítulo, a escola organiza seu funcionamento no tempo cronológico, por meio das grades de horários. Então, a primeira coisa que precisamos considerar é se a leitura literária é contemplada nas rotinas e agendas de todas as turmas.

Entretanto, em nossas andanças, muitas vezes observamos que certas propostas de leitura são planejadas para serem realizadas em agendas espremidas, em meio a atividades e demandas variadas que acabam por ocupar boa parte do tempo que poderia ser dedicado à leitura, durante o período de uma aula de cinquenta minutos. Será mesmo possível que uma verdadeira experiência de leitura literária se dê nesse tempo?

Certa vez, acompanhando o trabalho da sala de leitura em uma escola municipal de Ensino Fundamental, presenciamos uma situação paradoxal: em um espaço coalhado de livros, com um acervo composto por cerca de 33 mil exemplares, a organização da rotina e as atividades da sala se davam de maneira que não havia tempo para que os estudantes fizessem empréstimo de livros: os cinquenta minutos semanais destinados à sua frequência ali eram ocupados pela chamada, pelo desenvolvimento de projetos em que a leitura aparecia como um recurso atrelado ao que acontecia na sala de aula, pela leitura literária em voz alta feita pela professora e conversa posterior. Tudo acontecia no coletivo, e não havia espaço para a leitura individual – que contempla a escolha do leitor, seu encontro mais íntimo com o livro.

Notamos ali que os estudantes que já tinham uma boa relação com os livros precisavam solicitar ao docente de outra matéria para ir até a sala de leitura fazer um empréstimo durante a aula. Esse tempo, em torno de cinco minutos, de certa forma “roubado”, era mínimo e nem um leitor ultra experiente conseguiria sair-se bem na escolha de um livro em meio a um acervo tão numeroso e diverso.

O que vimos foi uma jovem leitora levando para a casa o livro que conseguiu pegar e não necessariamente aquele que queria, de fato, ler. Não é um contrassenso? Ter tantos livros e, ao mesmo tempo, nenhum, devido à forma como o trabalho foi pensado e organizado no espaço que deveria ser, por excelência, o lugar de encontro com os livros e a leitura?

Garantir *chrónos* não basta – vimos que os estudantes ficavam ao menos cinquenta minutos por semana na sala de leitura.

A próxima etapa é nos perguntarmos se esse tempo de fato favorece a experiência leitora: ele é dedicado à leitura com vistas à fruição? Proporciona convívio com os livros? A escolha do que se quer ler? Há momentos de trocas e múltiplas interações entre os leitores? Há tempo para a leitura solitária?

Na Educação Infantil e nos anos iniciais do Fundamental, a hora da história, da leitura em voz alta diária pela educadora ou educador, já é prática reconhecida e importante: muitas aprendizagens se dão nesse momento, em que a professora ou o professor atua como modelo de leitor. Ler diariamente em voz alta com as crianças é fundamental – considerando, evidentemente, que ler é diferente de contar histórias ou apresentar vídeos de narrações.

Entretanto, destina-se pouco tempo para propostas em que as crianças podem exercer sua autonomia com os livros, como a exploração do acervo, conversas e trocas que apoiem suas escolhas. Quando essas ações se sucedem, em geral elas ocupam um tempo residual – aquele que sobra ao término de uma atividade, antes do lanche ou quase na hora da saída.

Planejar esses momentos não só é importante para o contato mais próximo das crianças com os livros como também para professoras e professores, pois eles podem observar os critérios utilizados, as preferências singulares na escolha dos livros. Podem observar quais são os títulos mais procurados, como se realizam as trocas entre as crianças, se elas sentem falta de algum tema específico, entre tantas outras coisas.

A BNCC da Educação Infantil e dos anos iniciais do Ensino Fundamental traz, nos objetivos de aprendizagem e de desenvolvimento para o campo de experiências, "Escuta, fala, pensamento e imaginação", e, nas habilidades relacionadas à leitura do campo artístico-literário, verbos que expressam diferentes aproximações com a leitura: manusear, explorar, buscar, selecionar, escolher, identificar, ler, conversar. Essas não são aprendizagens que ocorrem espontaneamente, por isso a importância de planejá-las.

É comum vermos a escola ser enredada pela ideia de que se deve ocupar o tempo por inteiro, sendo capturada pelo modo de funcionamento da sociedade atual, que prima pela eficácia. Nesse sentido, condições fundamentais para o encontro com a leitura, como a conversa, a escolha, a fruição – ações pouco mensuráveis –, não costumam ser vistas como alternativas válidas para o uso eficiente do tempo, ainda que sejam reconhecidas como essenciais para a formação de leitores. Está criado um paradoxo.

ESPAÇOS DE LEITURA

Encontramos, nas escolas, alguns lugares reservados aos livros: salas de leitura ou bibliotecas escolares (mais frequentes nas escolas de Ensino Fundamental) e cantos de leitura nas salas (muito comuns na Educação Infantil). Entendemos que sua missão é multiplicar as ocasiões em que os leitores se reúnem ao redor dos livros, da experiência estética, do encontro com as literaturas. Se a presença desses espaços pode ser vista como um ganho para os leitores estarem mais perto dos livros, exercerem suas escolhas e participarem de práticas de leitura, sua simples existência não garante que sejam necessariamente convidativos ou motivadores de experiências.

Alberto Manguel explica bem isso:

> Não leremos um livro da mesma maneira se estivermos dentro de um círculo ou de um quadrado, num cômodo de teto baixo ou em outro de caibros altos. E a atmosfera mental que criamos no ato da leitura, o espaço imaginário que construímos quando nos perdemos nas páginas de um livro é confirmado ou refutado pelo espaço físico da biblioteca, e é afetado pela distância das estantes, o apinhamento ou a escassez de livros, as qualidades tácteis e olfativas, os graus variáveis de luz e sombra. (2006, p. 116)

É sempre bom lembrar que toda forma de compor os espaços é carregada de intenções: mesmo que não tenhamos consciência, o modo como os organizamos faz determinados convites aos frequentadores, amplia ou restringe suas ações, os convoca ou intimida. Primeiramente, é preciso que esses lugares constituam ambientes vivos e dinâmicos. O que isso significa? Em certa medida, diz respeito à circulação, tanto de leitores quanto de livros. Podemos nos perguntar: quais condições favorecem tais movimentos?

Antes de mais nada, é preciso considerar que um leitor que circula entre livros é alguém que tem autonomia. A primeira condição para a conquista dessa autonomia se encontra na forma como os livros são dispostos e organizados.

Comecemos pela sala de leitura (ou biblioteca), que tem um acervo maior e destinado a toda a escola. Os livros precisam estar organizados de maneira que os leitores possam transitar entre eles, explorá-los e localizar o que desejam ler. Para tanto, é necessário que conheçam muito bem os critérios de organização utilizados e como os livros estão distribuídos. Entre os modos possíveis de organização, destacamos a classificação dos títulos por gêneros, autores e assuntos, usada desde os primórdios das bibliotecas. Porque de nada serve uma grande quantidade de livros desordenados, embaralhados, que não podem ser localizados.

Há situações em que, por mais que o acervo esteja organizado, a forma de distribuição impede a autonomia. Lembramos de um exemplo que vimos em uma escola do interior de São Paulo que atendia crianças de 3 a 10 anos. Após a reforma do espaço que receberia a biblioteca, as professoras, com base em orientações de uma bibliotecária, organizaram em prateleiras o vasto acervo por ordem alfabética do sobrenome dos autores.

Nossa intervenção, enquanto formadoras, foi pedir às docentes que levassem os estudantes de todas as faixas etárias ao espaço recém-organizado e observassem como transitavam e exploravam o acervo: conseguiam escolher livros? Encontravam os títulos desejados? Localizavam gêneros que os interessavam?

As professoras, de posse das observações, constataram que a organização não favorecia a autonomia das crianças, já que, para encontrar o livro desejado, precisavam saber o sobrenome dos autores e conhecer o alfabeto. Para as crianças da Educação Infantil, era praticamente impossível achar alguma obra por conta própria. Mesmo para as maiores, havia dificuldades, já que essa configuração pressupunha conhecimento da autoria dos livros. Diante disso, repensou-se a organização do acervo, criando nichos com diferentes categorias: gêneros, autores preferidos e temas. Para facilitar a escolha das crianças pequenas, alguns títulos passaram a ser expostos com as capas viradas para a frente.

Como no exemplo, além da organização geral do acervo da sala de leitura ou biblioteca, é possível fazer curadorias, que consistem em selecionar e compartilhar títulos que compõem uma pequena coleção. Essas curadorias podem ser mais amplas – como uma estante inteira dedicada às narrativas de bruxas – ou mais restritas, por meio da organização de caixinhas ou cestos temáticos com contos de encantamento ou com obras de determinado autor. Elas podem ser específicas, para atender a algum interesse do grupo de crianças ou jovens, como agrupar histórias com lobos, por exemplo.

Ao visitarmos a sala de leitura de uma escola municipal, deparamo-nos com uma ação inventiva e extremamente acertada, tanto no sentido de distribuição do acervo quanto no da ampliação de repertório literário dos estudantes dos anos finais do Ensino Fundamental. Diante da grande demanda pelos títulos de uma saga sobre vampiros muito em voga naquele momento e com poucos exemplares disponíveis, a professora responsável pelo espaço teve a iniciativa de compor uma curadoria com livros cujo tema pertencia a esse universo, despertando a atenção para a caixa com um chamariz: "Quem gosta de ... pode gostar de...".

Da curadoria, participaram títulos clássicos como *Drácula*, de Bram Stoker, *Contos clássicos de vampiro*, alguns livros de mistério do Sherlock Holmes. Dessa maneira, além de garantir uma leitura aos estudantes que estavam na fila de espera, a educadora apresentou outros livros, ampliando tanto o repertório sobre o tema como oferecendo textos de boa qualidade estética. Assim, pode-se abrir a oportunidade de os estudantes compararem os títulos, a construção da narrativa, os efeitos de estilo e como esses aspectos afetam o leitor. Não é desse jeito que podemos construir critérios de escolha?

Conhecer a organização do espaço possibilita autonomia aos frequentadores, que passam a saber onde estão os livros que desejam ler. As curadorias põem em movimento o acervo da instituição, divulgando títulos, além de evidenciarem que há diferentes critérios que podem ser levados em conta quando escolhemos o que vamos ler. Por meio delas, os leitores vão percebendo as semelhanças do conteúdo: o gênero, o estilo do autor ou o parâmetro utilizado.

No que diz respeito aos cantos de leitura, que ficam nas salas de aula ou de referência, alguns aspectos precisam ser considerados. Diferentemente da sala de leitura ou da biblioteca, eles têm uma coleção de livros mais restrita, que deve dialogar diretamente com o grupo que o frequenta. O que isso quer dizer? É importante que o conjunto dos títulos revele gostos, preferências, trajetos, desafios e necessidades de aprendizagem daquelas crianças. Os livros dispostos no canto falam de afetos e nos contam sobre o grupo que ali está: o que lê, o que o interessa, por quais narrativas tem circulado.

Por tudo isso, a boa organização desse canto depende do olhar atento do educador ou educadora e envolve certa maleabilidade desse pequeno conjunto: entre os livros que ali habitam, há os que permanecem por mais tempo e os que serão substituídos em um período menor; os livros repetidos, porque muito disputados; títulos de uma mesma coleção ou autor, porque têm agradado muito ao grupo, virando "moda" entre aqueles leitores; temas que mais fazem sucesso; assuntos e autores considerados curiosos ou desafiantes; e assim vai.

Pelo fato de esse acervo ser restrito e responder mais diretamente às predileções das crianças, é importante envolvê-las em sua constituição e organização, discutindo com elas os critérios de escolha dos livros que ficarão por um tempo na sala. O educador ou educadora planeja esse momento com cuidado: seleciona uma boa quantidade de títulos do acervo maior da instituição, se possível dois para cada criança, considerando o conhecimento que tem do seu grupo: temas, autores, gêneros.

Combina com as crianças que elas poderão escolher por volta

de cinquenta livros que ficarão disponíveis no canto de leitura durante determinado tempo. Para que elas possam visualizar e circular entre os livros com facilidade, pode-se dispor os exemplares em um tecido ou tapete no chão, compartilhando com elas sua seleção e os motivos de escolha. Então, após circularem pelos títulos, elas apresentarão suas escolhas ao grupo, que definirá quais farão parte do novo conjunto de livros. Essa sequência de atividades precisa de tempo para acontecer, não se resolve no período de uma aula, por isso cabe ao educador ou educadora distribuí-la em seu planejamento.

Algo que não podemos deixar de ressaltar em relação à organização dos cantos e outros espaços de leitura se refere à estética desses ambientes. O foco deve estar sempre nos livros – de qualidade e bem conservados, ainda que possam apresentar marcas de uso – e em sua disposição e acesso. A beleza desses livros e sua boa distribuição nas estantes, expositores ou cestos é peça-chave para que o lugar seja atrativo. Afinal, estantes bem arrumadas costumam, por si sós, ser objetos que cativam o olhar e o interesse. Isso implica livros em locais acessíveis, não empilhados nem apinhados de qualquer jeito, para que os leitores se sintam atraídos para fazer suas explorações e seleções.

Muitas vezes, contudo, observamos que esses cantos trazem referências um tanto estereotipadas: letreiros indicando que ali é o "cantinho da leitura", com letras coloridas e enfeitadas, além de desenhos de personagens famosos, no estilo Disney, muitas vezes poluindo visualmente aquele ambiente. Esses costumam ser expedientes utilizados para supostamente deixar o lugar com ar mais "infantil" e, portanto, mais atrativo. Tais escolhas denotam a concepção de criança e de leitura em jogo na instituição, muitas vezes tingidas pelo que o mercado define como infância e livros apropriados a esse público. As infâncias são múltiplas, não se reduzem a apenas uma maneira de ser, e as literaturas, como já afirmamos, são uma forma de arte, não objetos a serem consumidos.

Personagens infantis famosos são vistos em todos os lugares – o papel da escola não é justamente o de ampliar, oferecendo outras referências culturais? Quando entramos em um ambiente e vemos uma estante de livros arrumados, necessitamos de um letreiro indicando que ali é o cantinho da leitura? Então, por que será que na escola o organizamos de tal forma?

Do nosso ponto de vista, é muito mais interessante que o foco desse canto esteja nos livros, nos bons livros, bem editados, com belas ilustrações, com textos que permitam uma pluralidade de sentidos, revelando trabalhos autorais que alarguem as referências das crianças. Se o foco está nos livros, estantes simples de madeira ou expositores acessíveis já dão conta do recado. Um tapete que anime as crianças a se sentarem, pufes e almofadas, se for possível, são mais do que suficientes para que o encontro com a literatura aconteça.

Vale também apontar que a existência dos cantos de leitura é mais comum na Educação Infantil e nos dois primeiros anos do Ensino Fundamental, como temos observado em nossas jornadas. À medida que as crianças crescem e se alfabetizam, ganhando autonomia e fluência leitora, notamos que os cantos tendem a rarear, ficando o acesso ao livro, a escolha e o fomento à leitura literária apenas a cargo da sala de leitura (ou biblioteca).

Destacamos, entretanto, que as experiências e aproximações que os cantos e as salas de leitura podem proporcionar são distintas e complementares – os cantos possibilitam acesso cotidiano, mais íntimo, provocando conversas entre as crianças, retornos aos livros conhecidos, exploração de detalhes e meandros das obras, ao passo que as salas de leitura, visitadas por um período de tempo delimitado, descortinam um acervo mais amplo, apresentando novas perspectivas.

Além desses espaços permanentes, sugerimos fervorosamente que os livros habitem outros ambientes da escola. É possível preparar instalações de leitura sob as árvores em dias mais quentes, em feiras de trocas de livros ou em eventos literários, como festivais que divulguem títulos de algum tema ou autor interessante, instigando a curiosidade e a participação da comunidade em ações que fazem parte do universo leitor.

4 A MEDIAÇÃO DA LEITURA

O que significa fazer a mediação da leitura literária, segundo a ideia de experiência enquanto fio condutor como condição da formação de leitores?

> *Porque a literatura [...] é essa metáfora da vida que continua reunindo quem fala e quem escuta num espaço comum, para participar de um mistério, para fazer que nasça uma história [...].*
>
> **María Teresa Andruetto** (2012, p. 24)

A leitura literária na escola passou por transformações, principalmente nas décadas de 1980 e 1990. De uma concepção de ensino de literatura focada no estudo do texto, migrou para uma ideia de educação literária, centrada na atividade de leitura, que destaca a "interação entre o leitor e o texto na construção de significados" (Munita, 2024, p. 56).

Ainda que siga em transição, pode-se dizer que houve mudanças no papel das professoras e dos professores. Muitos não são mais aqueles que colocam os estudantes leitores em uma posição externa ao texto e à leitura – como se fossem espectadores, e não protagonistas do ato de ler – ao ensinar apenas a história da literatura, suas correntes, as biografias dos autores. Segundo essa nova concepção, as ou os docentes são mediadores que fazem a ponte entre os leitores e os livros. Eles atuam como modelo de leitores mais experientes, apresentam textos que os estudantes não leriam sozinhos, por serem desafiadores, promovem a troca entre os leitores e instigam o estabelecimento de relações entre diversos textos.

Nessa concepção de leitura, coloca-se o encontro do leitor com o texto no centro da ação: reconhece-se o trabalho que cada um faz quando lê, o que inclui o compromisso com o texto, e salienta-se a importância do mediador ou mediadora de leitura na formação dos estudantes leitores, por meio do favorecimento de condições para que eles possam avançar em seus processos, incorporando cada vez mais conhecimentos literários. Assim, vão pavimentando sua história enquanto leitores de literatura.

O QUE FAZEM OS LEITORES QUANDO LEEM?

Ao lerem com os estudantes, as professoras e os professores se colocam como leitores mais experientes, explicitando intencionalmente as ações próprias de um momento de leitura, tanto aquelas que ocorrem no âmbito mais íntimo quanto as compartilhadas: os comportamentos leitores (Lerner, 2002), ou os "fazeres do leitor". Ou seja, as professoras e os professores, enquanto mediadores de leitura, necessitam tomar consciência de que essas ações são conteúdos a serem ensinados, uma vez que apropriar-se delas e colocá-las em prática é parte inexorável da leitura.

Por exemplo, ao levar um livro para ler com seus estudantes, a educadora e o educador partilham os critérios de suas escolhas: porque trouxeram aquela obra, daquele autor, naquele momento. Revelam suas histórias de leitores com tal título, relatando suas intenções ao trazê-lo e revelando aquilo que mais os impactou ou emocionou, e mostram aos leitores que eles podem se relacionar com as obras de maneiras diversas.

Ao apresentarem um texto literário, as professoras e os professores procuram fazer a leitura sem interrupções para explicar passagens ou palavras desconhecidas e desafiam as crianças a se guiarem pelo fio da narrativa, fazendo inferências, lendo nas entrelinhas. Ao procurarem determinado conto em uma coletânea, leem o sumário em voz alta e localizam o texto escolhido, revelando ações que empreendem na busca. Para obterem mais informações sobre uma história, a fim de, juntos, se decidirem por determinado livro, leem em voz alta a contracapa ou as orelhas, folheiam algumas páginas ou leem o início do texto, com o propósito de checar se a narrativa as captura.

Uma criança que participa frequentemente de práticas de leitura e observa esse leitor mais experiente em ação não só aprende o que se faz quando se lê como vive a experiência literária, encontrando-se com a obra, mesmo que ainda não a decifre[3] por conta própria. Ao participarem de uma situação de leitura pela professora ou pelo professor, as crianças colocam em jogo saberes que favorecem a atribuição de sentidos e a construção de significados.

Cabe à educadora e ao educador oferecer um território propício para que os estudantes participem e se aprofundem no universo das narrativas escritas. Como fazer isso? De muitas

3 Uma das concepções persistentes de leitura baseia-se na ideia de que ler é apenas decifrar o texto. Entretanto, discordamos de tal perspectiva, uma vez que leitura implica compreensão – e é possível decifrar um texto sem compreendê-lo, como bem revelam as avaliações que apontam para um alto grau de analfabetismo funcional, segundo o Indicador de Alfabetismo Funcional (Inaf): em 2018, 8% de brasileiros eram analfabetos e 22% alfabetizados rudimentares – que fazem uso bastante limitado da leitura, da escrita e das operações matemáticas em suas tarefas do cotidiano. (Instituto Paulo Montenegro; Ação Educativa, 2018)

maneiras, as quais envolvem, em uma espiral dialética: o planejamento das propostas; a seleção de obras que serão apresentadas; a mediação propriamente dita das leituras; a observação das ações dos estudantes durante os encontros com os livros e com outros leitores; o registro das experiências leitoras do grupo; a reflexão sobre a prática e sobre as aprendizagens dos estudantes, o que conduz a um novo planejamento.

LEITURA PELAS PROFESSORAS E PELOS PROFESSORES: UMA AÇÃO PLANEJADA

Como vimos, a mediadora e o mediador de leitura são leitores que apresentam a literatura para os outros, compartilhando suas estratégias e provocando-os a mergulhar na obra, construindo sentidos e entendimentos. Para Graciela Montes (2020, p. 96), o mediador é aquele que "se interessa tanto pela leitura quanto pelos leitores" e que sustenta e acompanha a aproximação entre eles sem dirigir ou intervir demais impondo seu ponto de vista. É condição, portanto, o cuidado com o espaço de cada um e com aquilo que todo leitor descobre no encontro com um texto literário. É preciso que o mediador não invada o terreno que cada um habita ao ler um livro, com interpretações prévias ou intervenções exageradas, que acabam por impedir a experiência.

Na escola, a conversa em torno da leitura literária deve ser planejada, contemplando as aprendizagens leitoras a serem acionadas na ocasião, tendo-se clareza de que essa proposta é um instrumento importantíssimo, no sentido de proporcionar aos leitores que trilhem sendas na leitura e possam ler cada vez melhor. Portanto, há de ter muita intencionalidade numa conversa entre os leitores.

Ao mesmo tempo, a professora mediadora e o professor mediador mantêm a escuta aberta guiada pelo interesse genuíno e sustenta a circulação da palavra entre os estudantes, propiciando a construção coletiva e cooperativa do conhecimento literário. Cecilia Bajour salienta a importância de os mediadores aguçarem sua escuta, contemplando os silêncios, os gestos, as expressões, pois estes revelam os modos particulares de os estudantes se relacionarem com os textos. A autora elucida a qualidade de escuta a que alude: "Uma escuta sensível, que valorize os modos pelos quais cada leitor se refere ao contato com metáforas, perspectivas inusitadas, alterações temporais, elipses etc." (Bajour, 2012, p. 40).

Ao se interessarem pelos outros leitores, a professora mediadora e o professor mediador abrem-se à escuta, observando as relações que os estudantes estabelecem com o texto, validando as diferentes impressões aportadas. Falamos, aqui, de uma observação e uma escuta ampliadas, que se debruçam sobre as variadas reações dos leitores, mesmo aquelas que não se expressam apenas por meio da linguagem verbal, como uma manifestação de surpresa ou um gesto corporal que representa a ação de um personagem.

Embora a conversa em torno de cada leitura seja uma atividade em si – com começo, meio, fim e propósitos definidos –, a escolha do conjunto de livros e o planejamento do que se vai abordar em cada leitura estão inseridos no percurso literário da turma. Ao elaborarem um plano de leituras para o grupo, a professora e o professor declaram as expectativas de aprendizagem em relação tanto às habilidades quanto ao conhecimento literário e às manifestações das ressonâncias individuais.

À seleção dos livros segue-se uma exploração profunda da obra da vez, considerando as chaves de leitura[4], o estilo, o gê-

4 Segundo Cecilia Bajour (2012), chaves de leitura são modos específicos de se aproximar de um texto, no sentido de levar os leitores a se apropriarem do que é essencial para sua compreensão.

nero, o léxico, as relações com as ilustrações, o projeto gráfico etc. A educadora e o educador planejam a conversa, visando aprofundamentos na narrativa: antecipam perguntas que levem os estudantes a compartilhar interpretações possíveis, enveredar por caminhos não vislumbrados e perceber os elementos que fazem parte da construção literária – como bem definiu o crítico James Wood (2011), as portas e janelas da casa da ficção.

Evidentemente, as conversas anteriores, os aportes dos estudantes e as aprendizagens observadas são todos aspectos basilares para o planejamento. Outra condição imprescindível é dispensar um tempo suficiente para que as crianças e os jovens possam participar de forma efetiva, garantindo uma circulação igualitária da palavra.

Há, também, ocasiões em que o papel que a professora e o professor assumem é o de preparo do ambiente, que envolve ações mais indiretas, mas não menos importantes: dedica tempos, organiza espaços, seleciona o acervo para que seus estudantes possam viver experiências leitoras e, atentamente, acompanha as ações das crianças. O encontro dos estudantes com os livros é matéria-prima para o planejamento do educador, traduzindo-se em oportunidades de observar suas ações e comportamentos leitores – o que eles já sabem sobre as práticas de leitura, bem como o que ainda necessita ser contemplado, ampliado, aprofundado.

O QUE ESCOLHER PARA LER?

Se as professoras e os professores não são só vozes que leem, mas leitores que fazem a mediação dos ouvintes com as obras – inclusive aquelas mais desafiadoras –, eles precisam estar atentos para "emprestar" suas figuras de leitores como modelos, o que inclui seu papel na seleção de livros que apresentarão ao seu grupo. Nessa escolha, é fundamental considerar a progressão leitora dos estudantes: quais livros eles podem descortinar com o apoio da mediação?

É comum levarmos em consideração, como critério para a escolha da leitura, o interesse ou o gosto dos estudantes. Evidentemente, isso é algo a ser levado em conta, pois envolve a escuta e a observação atentas de docentes em relação aos seus grupos. Trata-se de um ponto de partida possível; contudo, notamos que frequentemente isso é tomado também como linha de chegada. Observamos que o foco dos docentes no interesse dos leitores em formação pode cercear a seleção do que será lido, fazendo com que as escolhas se restrinjam ao terreno do conhecido, o que mantém o repertório leitor do grupo sob certo domínio, ao ofertar novos textos do mesmo tipo.

Vejamos uma situação: sabendo que as crianças apreciam brincadeiras com as palavras, ao selecionar textos poéticos, a professora ou o professor elege acertadamente uma série de títulos que apresentam trocadilhos. Entretanto, é desejável que vá além, oferecendo, por exemplo, livros que brinquem com as palavras de variadas maneiras, como poemas com aliterações[5], metáforas[6], assonâncias[7], entre outras figuras de linguagem.

Ao oferecer os textos já conhecidos e bem aceitos, é provável que a professora ou o professor objetive o engajamento dos leitores, pensando: se eu levar algo que lhes agrada, se sentirão acolhidos e terão prazer ao encontrar aquilo de que gostam e

5 Aliteração é a repetição de fonemas similares no começo das palavras em uma mesma oração ou verso, de modo a criar um efeito de estilo. Por exemplo: "A pia pinga e o pinto pia".

6 Metáfora estabelece uma comparação poética, uma relação de semelhança, por meio de uma imagem que potencializa os sentidos. Por exemplo, "chegava para jantar quando os vaga-lumes já acendiam a noite" (Romeu, 2020, p. 5).

7 Assonância é uma repetição de fonemas vocálicos que produz efeitos específicos em uma frase ou verso. Por exemplo, "A onda / A onda anda / Aonde anda / A onda?" (Bandeira, 1970, p. 286).

dominam. Todavia, é preciso considerar que também pode encantá-los o completamente novo, o nunca visto ou o que desafia – afinal, vencer um texto que nos interpela e estimula nossa capacidade leitora pode ser bastante atrativo.

Caminhar entre aquilo que se conhece e o que causa estranheza, revolucionando parâmetros, pode ser um bom tempero para a leitura e é certamente desejável para a formação dos leitores. A escola tem, entre seus objetivos, ampliar não apenas o repertório literário, mas também aprofundar os sentidos das leituras. Por exemplo, quando levamos livros ilustrados (também denominados "livros-álbum"), precisamos considerar tanto aquilo que os leitores já sabem – o ponto de partida para a leitura – quanto o que precisam aprender para avançar no contato com esse tipo de obra.

Sabendo que os livros ilustrados podem apresentar diferentes relações entre o texto e as imagens, a professora ou o professor se pergunta: de que forma o texto, as ilustrações e o projeto gráfico de determinado título contribuem para a construção de sentidos daquela narrativa? Há uma relação de complementaridade ou de fricção entre esses elementos – um desajuste proposital, que funciona como ironia, por exemplo? Atentar para a presença desses aspectos e o arranjo entre eles, tomando consciência dos expedientes narrativos, propiciará às crianças e aos jovens fruir camadas mais profundas do livro, ampliando suas competências leitoras.

Em uma formação voltada para professoras de Educação Infantil de uma escola particular localizada em município próximo a São Paulo, líamos o livro-álbum *Este chapéu não é meu*, de Jon Klassen (2023). Inicialmente, muitos estranharam o livro, avaliando-o como difícil demais para crianças pequenas. Será que a dubiedade do discurso não iria confundir os leitores? Eles seriam capazes de compreender as sutilezas da obra? Enquanto formadoras, desafiamos as professoras a observar o que aconteceria ao lê-la para seus grupos.

Nesse livro, um peixinho rouba o chapéu de um peixe grande enquanto ele dorme e foge em seguida, confiando que o dono não saberá quem o pegou e, caso descubra, não capturará o ladrão. O enredo se constrói de maneira cindida entre o texto e a ilustração: enquanto a narrativa textual expressa o pensamento do peixinho e sua certeza de que não será descoberto e capturado, as ilustrações revelam que o peixe grande está atrás dele.

Ao se deparar com a dissonância entre o texto e a ilustração, o leitor fica em uma posição privilegiada, de quem sabe mais do que o personagem narrador. A convicção do peixinho, ao ser contestada pelas ilustrações, confere graça e ironia à história. Aprender a ler um livro como esse contribui para que os leitores possam desconfiar das imagens, duvidar do texto e assumir uma postura muito ativa na leitura.

Ao lerem tal obra para turmas de crianças de 4 anos, as professoras relataram que as reações foram variadas: enquanto algumas acharam graça imediatamente, entendendo o jogo, outras dialogaram com o peixinho durante a leitura, tomando como base aquilo que liam nas imagens: "O peixe vai te pegar, ele está vendo tudo!". Em uma das turmas, a professora aproveitou as reações divergentes do grupo para explorar a disjunção entre texto e imagem, perguntando: "Por que vocês acham que, enquanto eu lia o texto, as imagens mostravam outra coisa?" Ao que algumas crianças responderam:

> *Criança 1:* Porque era o peixinho que falava e ele não via, só achava, na cabeça dele, que o peixão não ia ver.
>
> *Criança 2:* Porque ele não sabia.

Criança 3: Eu achei engraçado que o peixão acordou com o olho assim, ó, e foi atrás do peixinho.

Criança 4: O peixinho não via, porque ele não olhava pra trás, né?

Professora: Vocês acharam engraçado isso nesse livro? Que o texto mostrava uma coisa e as ilustrações, outra?

Criança 3: Eu achei!

Criança 5: Eu fiquei com um pouco de medo do peixão.

Criança 2: Eu achei muito engraçado (e riu, como quando acompanhou a leitura).

Professora: Eu acho que a gente nunca tinha lido um livro assim, não é mesmo? Alguém se lembra de um livro assim, em que a ilustração mostra uma coisa diferente do texto?

Crianças: Eu não, eu não.

Professora: Sabem que tem outros livros assim? Eu vou procurar e trazer para a gente ler junto, combinado? Então, podemos ver se também achamos engraçado do mesmo jeito, ou não.

A professora leva um livro que apresenta uma novidade estilística, ampliando os conhecimentos literários das crianças ao revolucionar a maneira como consideram a relação entre o texto e a ilustração – no caso, a existência de uma disjunção entre eles. Em seguida, ela propõe um mergulho em outros títulos que usam o mesmo recurso, aprofundando as aprendizagens das crianças. Considera a importância do desconhecido ao apresentar uma nova maneira de narrar, mas também da reiteração, tanto ao constatar o encantamento das crianças e ressaltar esse elemento da narrativa na conversa quanto ao propor a visita a novos títulos do mesmo estilo, alimentando as habilidades recém-construídas.

Outro elemento essencial a se considerar são os aspectos que dizem respeito ao posicionamento dos leitores diante do texto. Ainda em se tratando do mesmo livro, um grupo de crianças travou uma produtiva conversa sobre o final da história, cujo desfecho aberto fica por conta dos sentidos atribuídos pelo leitor. A perseguição sofrida pelo peixinho termina mal, mas o que terá acontecido de fato? O embate não é revelado, uma vez que se passa atrás de uma floresta de algas, mas a voz do peixinho silencia - não há texto escrito - e a imagem mostra o peixe grande retornando, usando o chapéu recuperado.

Em roda, as crianças debateram o assunto:

> *Criança 1:* O peixinho morreu?
>
> *Professora:* O que vocês acham?
>
> *Criança 2:* Eu acho que ele morreu, o peixe grande matou. Cadê ele? Tá na barriga do peixão, olha (apontando para a barriga do peixe).
>
> *Criança 3:* Não! Ele não morreu, o peixe só pegou o chapéu, o peixinho conseguiu fugir!
>
> *Crianças agitadas, falando ao mesmo tempo:* Ele morreu, sim! Eu acho que ele não morreu!
>
> *Criança 1:* Olha! É a mesma floresta do começo do livro (mostrando as folhas de guarda no final). Então, ele não morreu, só está escondido.
>
> *Criança 4:* Profe, o peixinho morreu ou não?
>
> *Professora:* Eu também não sei... Eu acho que o Jon Klassen escreveu desse jeito mesmo, para a gente ficar imaginando o que quiser.
>
> *Criança 3:* Eu quero que ele não morreu, não!

Percebemos, nessa situação, o encontro das crianças com um final aberto, um expediente frequente na literatura. Ao observarmos suas falas no início da conversa, notamos algumas hipóteses que envolvem o destino do peixinho: buscam, nas ilustrações, indícios do que pode ter acontecido, forjando interpretações. Permanecendo a dúvida, uma das crianças recorre à professora e, diante de sua colocação de que não há uma única resposta, mas, sim, um convite à imaginação feito pelo autor, outra assume o lugar de leitor que está livre para construir seu desfecho.

Notem que em ambas as rodas estão ausentes intervenções que não atentam para a construção da narrativa, até hoje bastante comuns nos momentos de leitura pelas e pelos docentes: a busca por uma mensagem – às vezes, uma moral da história, ou por um ponto de vista predominante, em geral aquele da professora ou do professor, ou, ainda, o pedido às crianças que apenas estabeleçam relações com a vida delas. Propostas sugestivas de que ler se reduz à elaboração de opiniões de cunho pessoal ou apenas a aproximações com o tema.

Entretanto, no exemplo apresentado, a conversa iniciada pela professora favorece o aprendizado sobre as formas literárias para além do assunto da narrativa. Nesse sentido, engendra competências leitoras, ou seja, possibilita às crianças que levem os conhecimentos construídos coletivamente para outras leituras – o que também faz parte da fruição literária. Elas aprenderam que existe disjunção entre texto e ilustração, o que pode provocar ironia. Assim, aprenderam a observar atentamente a relação entre as duas narrativas, condição para uma leitura qualificada dos álbuns ilustrados.

Ao escolher um livro, é importante que a professora ou o professor reflita sobre o que é preciso enfatizar naquela obra para que os estudantes possam perceber e fruir o que é central em sua compreensão, e também avançar em suas aprendizagens sobre recursos comumente utilizados nas narrativas literárias. A escolha das palavras, o estilo da escrita, o diálogo com a imagem, o foco narrativo são alguns aspectos a serem reconhecidos, que permitem às crianças se apropriarem de recursos usualmente empregados em textos literários.

TEXTO OU PRETEXTO?

A leitura literária está intrinsecamente relacionada à fruição, que deve ser um importante foco das propostas pedagógicas, como vimos nos exemplos anteriores. De que modo evitar sua captura e sua aplicação teórica a pretexto de trabalho com outros conteúdos?

Durante o encontro de formação em que apresentamos *Este chapéu não é meu*, um dos participantes, bastante incomodado, afirmou que a narrativa estimularia o roubo, pois a "mensagem passada" aos leitores seria a de que esse era um ato aceitável, já que o protagonista o realiza. De acordo com esse participante, os professores deveriam conversar com as crianças enfatizando a necessidade de declarar que é errado roubar.

É comum nos depararmos com posturas como essa, uma vez que tradicionalmente houve - e persiste - um uso moralista da literatura, que se mostra ainda mais presente quando se trata da produção voltada às crianças. Contudo, evocamos novamente as palavras de Antonio Candido (2011, p. 178), quando ele diz que a literatura "não corrompe nem edifica" e, se possui caráter formativo, é justamente por nos colocar diante da complexidade da existência humana.

Na ocasião, incentivamos as professoras a não abordarem diretamente essa questão e a prestarem atenção ao que as crianças trariam diante das perguntas planejadas para o momento da conversa, que visavam a descoberta e a análise dos elementos narrativos. Ao lerem a história, elas se deram conta de que o roubo não foi um tema que apareceu e seguiram fazendo boas perguntas, alinhadas ao desafio que a construção da narrativa textual e imagética solicitava aos leitores.

Ao mostrar como o peixinho segue seu desejo de obter algo do peixe grande, o autor constrói um personagem destemido e ao mesmo tempo frágil, tornando possível que as crianças se identifiquem com ele, sem qualquer viés moralista. Ao fugirem dessa perspectiva – que colocaria a literatura num lugar utilitário, como pretexto –, as professoras e as crianças puderam se aventurar por camadas mais profundas de entendimento, fruindo a obra com base em seus aspectos literários e, portanto, artísticos. Se tivessem escolhido o caminho moralizador, deixariam de acessar os diferentes elementos que compõem a narrativa e de provocar a construção de saberes literários importantes para as crianças, tanto para o encontro com essa obra como com as próximas.

Recentemente, temos visto um aumento exponencial de demanda por livros que "trabalhem" as habilidades socioemocionais das crianças previstas na BNCC. E as editoras, buscando responder à necessidade escolar, têm atrelado aos seus lançamentos o destaque para essa perspectiva. Muitas vezes, livros de qualidade, que têm a força de promover experiências estéticas intensas, acabam sendo abordados de maneira reducionista sob um único viés, reforçando o lugar utilitário da literatura.

O que seria trabalhar as habilidades socioemocionais? O contato pessoal com o livro; a partilha de uma leitura, em que se trocam pontos de vista e maneiras como cada um foi afetado; o reconhecimento de si, de seus jeitos de sentir, pensar e agir; mas também o estranhamento que pode advir do encontro íntimo com a integridade de outra existência. Nesse cenário, estão vivas e encarnadas as diferentes subjetividades. Sem a necessidade de apelar para as estereotipias das várias sensações, emoções e sentimentos, por meio de ilustrações de rostos que representem alguns deles, como costumamos encontrar em nossas visitas a escolas.

Outro uso do texto como pretexto, que em geral sucede no Ensino Fundamental, é a abordagem da leitura literária como mote para o estudo da gramática praticado de um modo reducionista, que esvazia a aproximação dos leitores com a literatura, como, por exemplo, pedir-lhes apenas que localizem, no texto, os pronomes possessivos e os nomes próprios.

Mais um exemplo: ao pesquisar quais verbos são utilizados para introduzir diálogos em vários contos, é possível realizar inferências sobre os tons dessas conversas, as intenções dos personagens, além de fornecer um repertório dessa classe de palavras para os estudantes dela lançarem mão ao escreverem diálogos em seus próprios textos.

É importante que as professoras e os professores tenham instrumentos para observar e reconhecer as maneiras como os textos se organizam e os efeitos que as palavras podem produzir nos leitores, além de considerar o tema e o gênero, entre outros aspectos. Assim, os educadores e as educadoras intervêm no sentido de apoiar os estudantes na apreciação e na percepção de como os textos são construídos, de modo a qualificar suas leituras, colocando em jogo novos conhecimentos.

Ao acompanharmos o trabalho realizado em uma sala de 3º ano do Ensino Fundamental, presenciamos uma boa conversa a partir da leitura do conto "Sua avó, meu bassê", de Sylvia Orthof, autora que não economiza humor em suas histórias:

> Tive, também, um bicho comprido, baixinho, de pernas tortas e nariz gelado: era um cachorro bassê. Seu nome era "Sua Avó". Eu adorava quando alguém me perguntava:
> — Como é o nome dele?
> — Sua Avó!
> — Como?
> — Sua Avó!
> — Minha avó? Ó menina malcriada! Então, esse cachorro é minha avó? Mais respeito!
> — Não é falta de respeito, não; é que o nome dele é Sua Avó. (2004, p. 35)

Diante da reação divertida dos estudantes a esse trecho, a professora solicitou-lhes que identificassem o que havia produzido o riso, ajudando-os a perceber o que conferiu humor ao texto, ou seja, quais os aspectos que ali caracterizavam a comicidade: os deslocamentos de expressões que brincam com os sentidos e surpreendem os leitores pelo inusitado ou absurdo. Isso faz com que eles construam conhecimentos que poderão ser acionados em outras leituras; portanto, a análise da linguagem pode favorecer a ampliação da compreensão da obra.

QUANDO NÃO É PRETEXTO

Para além do compromisso das professoras e dos professores com o desenvolvimento das habilidades dos leitores literários, há situações em que eles e elas podem escolher, para a leitura compartilhada, livros que dialoguem com algum momento intenso pelo qual as crianças estejam passando, como a perda de um ente querido ou o nascimento de um irmão.

As obras literárias promovem ressonâncias, oferecem contornos por meio de palavras e imagens, que podem ajudá-las a atravessar o acontecimento e a elaborar suas experiências. Essa também é uma das funções da literatura: falar do humano, ampliar a compreensão que temos a esse respeito. Ainda que se reconheça a existência de uma dimensão subjetiva na leitura, isso não significa que os leitores estejam completamente livres para compreender o que quiserem do texto, uma vez que qualquer ressonância pessoal estará também marcada pela dimensão histórica e social de quem lê, e pela própria arquitetura do texto.

Tomemos, como exemplo, uma situação que envolveu a leitura em voz alta de *A princesa e o pescador de nuvens*, de Alexandre Rampazzo (2014), em uma sala do 1º ano do Ensino

Fundamental. A professora estava realizando uma sequência de leituras de várias obras desse autor com a intenção tanto de ampliar o repertório literário do grupo com autores nacionais contemporâneos quanto de provocar observações dos estudantes sobre o estilo do autor, características das ilustrações e seu diálogo com as narrativas. Ao se deparar com esse título, lembrou-se da condição de uma aluna, que havia perdido uma tia recentemente.

A história trata de uma pequena princesa que conseguia manter a lembrança de seus sonhos desenhada em nuvens. Com seu pai, o rei, ela aprendeu a transformar as nuvens do céu em lindos desenhos, como sonhos. Um dia, seu amado pai desaparece e a princesa sai em busca dele. Para isso, será necessário encontrar o misterioso pescador de nuvens, o que ela faz com a ajuda de seu dragão de estimação. A princesa tinha na cabeça uma coroa feita com colheres (porque coroa de colheres são bem mais legais do que as coroas verdadeiras da realeza, feitas em cobre, ouro e nobreza). Ao se deparar com esse personagem mágico, ela descobre que o rei não estava ali. Uma grande tristeza cai sobre ela, acompanhada pela formação de uma enorme nuvem negra de tempestade.

> A princesa não conseguia mais controlar as lágrimas, olhou para o céu escuro e gritou o mais alto que pôde:
> — Não é justo. Isso não é justo! Traga o rei de volta!
> [...]
> A princesinha chorava, e o choro era tão devastador quanto a tempestade. [...] Ela voou e rodopiou algumas vezes sem controle para depois ser tragada para dentro da gigantesca nuvem negra.
> — Quero o rei de volta! Traga o rei de volta! – gritava a princesa, rodeada pela tempestade formada dentro da nuvem.
> E então a menina respirou fundo por um instante e pegou a colher na coroa. Encheu os pulmões de ar, deu uma leve baforada nela, grudou-a na ponta do nariz e pensou numa imagem que só existia em seus sonhos. Pegou a colher e foi esculpindo a gigantesca nuvem

> negra, tirando o que houvesse de mais, colocando o que tivesse de menos. Assim foi dando a forma de seu sonho à nuvem, aquele que ela queria lembrar por mais tempo.
> "Eu nem pude me despedir...", pareceram ser as últimas palavras ouvidas em meio à tempestade.
> Do lado de fora, o pescador de nuvens viu a tempestade aos poucos se acalmar e o céu tomar um tom alaranjado. A ventania foi diminuindo e então se tornou um leve sopro. A nuvem foi ficando cada vez mais clara e cada vez mais bela. (Rampazzo, 2014, p. 34)

Além de os aspectos elencados pela professora terem sido contemplados em conversas com os pequenos leitores, ela esteve atenta à menina que passava pelo processo de luto e deu-lhe a oportunidade de falar e traduzir a dor de sua perda. Percebendo que ela retornava ao livro com frequência, a professora sugeriu que ela o levasse para casa, ficando com ele pelo tempo que desejasse. A mãe comentou que a leitura vinha sendo uma maneira de a família lidar com a morte prematura da tia, abrindo espaço para conversas.

É importante que os educadores estejam atentos aos sinais gerados pelas leituras literárias nas crianças. A formação de leitores na escola deve considerar a progressão de suas habilidades, bem como se comprometer com a aproximação deles com as obras, favorecendo um enlace próprio de cada qual com a literatura. Nesse sentido, ao planejar suas leituras, o professor leva em conta as aprendizagens das crianças, seus percursos leitores e, ao mesmo tempo, se mantém aberto para o inusitado, que revela a singularidade do olhar de cada um.

O efeito da leitura literária terá sempre um aspecto imprevisível e as respostas dos leitores serão coloridas por suas subjetividades: um silêncio, um comentário pessoal, a vontade de ficar mais tempo com o livro, a retomada de trechos da narrativa. No encontro de cada qual com os textos, é importante considerar que nem sempre teremos acesso direto ao que se passa nos leitores e que a escola também deve se configurar como espaço de fruição silenciosa, íntima e singular, que poderá, ou não, ser compartilhada com outros. Convocamos Bartolomeu Campos de Queirós (2008, p. 163), que nos brinda com a afirmação: "... sempre que há sofrimento, na literatura ele surge vestido de beleza. Por ser assim, corre-se o risco de a escola empobrecer a arte: querer objetivar aquilo que só dialoga com a subjetividade".

FRUIÇÃO OU AMPLIAÇÃO DE VOCABULÁRIO

Muitas vezes, enfatiza-se a leitura literária como maneira de ampliar o vocabulário das crianças, o que realmente pode acontecer. No entanto, ainda que as narrativas sejam constituídas de palavras, muitas vezes desconhecidas pelo leitor, não podemos separá-las do efeito estético que o contato com essa forma de arte produz nele. A ampliação do vocabulário é uma decorrência do encontro com as obras literárias – interesse maior de quem lê. Não são apenas as palavras, mas também o modo especial pelo qual o escritor as combina, que encantam e produzem efeitos no leitor, que pode experimentar esse encontro inédito com a linguagem escrita, obviamente indo muito além das aprendizagens de novos vocábulos.

O encantamento produzido pelo efeito estético engaja os jovens leitores na trama da linguagem de cada narrativa de modo singular: atribuem novos sentidos a palavras já conhecidas, desvendam vocábulos até então desconhecidos e passam a usar termos e expressões recém-descobertos. Brincam de experimentar as palavras, muitas vezes nos surpreendendo com a precisão com que as aplicam.

Há pouco tempo, uma conhecida que costuma observar as flores de seu jardim com o filho de 7 anos nos contou que ficou admirada da seguinte frase do menino: "Mamãe, eu gosto muito de contemplar as flores com você!". "Contemplar" não é uma palavra de uso coloquial, ou seja, não fazia parte do vocabulário cotidiano da família. Entretanto, a mãe reconheceu que, num dos livros lidos recentemente por eles, aparecia esse termo. O contexto em que essa palavra se inseria no livro possibilitou ao garoto depreender seu significado, fazendo um uso pertinente dela. Concluindo, o propósito de leitura do garoto e de sua mãe não era ampliar o vocabulário, mas viver uma experiência literária. Para além dela, o pequeno incorporou o novo vocábulo.

LEITURA DELEITE?

Em nossas formações, temos ouvido muitos professores e professoras mencionarem a "leitura deleite" como atividade presente no cotidiano ao comentarem o trabalho que realizam com a literatura. Essa expressão disseminou-se a partir do Pacto Nacional pela Alfabetização na Idade Certa - PNAIC (Brasil, 2012), um programa federal cujo objetivo era alfabetizar todas as crianças até os 8 anos de idade, que contava com vários eixos de atuação: formação de professores alfabetizadores; oferta de materiais didáticos, pedagógicos e de obras literárias; ações de acompanhamento, e avaliações. O programa foi lançado em 2012 e executado de 2013 a 2017, envolvendo os governos federal, estaduais, municipais e as universidades públicas.

Pela perspectiva do PNAIC, ao ouvir textos lidos por um leitor mais experiente, a criança em processo de alfabetização entra em contato com a linguagem escrita, reconhecendo seu modo próprio de funcionamento, e participa de uma prática social de leitura, o que corroboramos como condição essencial para a formação de leitores na escola.

Para além do contato frequente com os livros, é fundamental para a formação do leitor literário, tal como já abordamos, que ele avance em suas aprendizagens sobre os elementos que fazem parte da narrativa, a fim de que possa desenvolver recursos para ler cada vez melhor. Há muito trabalho a ser feito pelo leitor no encontro com um texto literário, seja decifrando por conta própria ou ouvindo sua leitura.

Nos Cadernos Orientadores, o PNAIC propunha práticas sociais cotidianas de leitura e de escrita como condição para a alfabetização. O programa incluía a formação de leitores como eixo, e a leitura diária pelo professor era considerada essencial para "despertar o gosto e o desejo pela leitura" (Magalhães et al., 2012, p. 8), além de preconizar o acesso direto dos estudantes aos livros literários, por meio da frequência aos chamados "cantinhos de leitura" das salas de aula.

No mesmo caderno, Ferreira e Albuquerque (2012, p. 26) apontam a importância da construção de rotinas alfabetizadoras e citam a prática da leitura deleite: "Uma rotina semanal deve possuir atividades que acontecem todos os dias, como a leitura deleite". Tal leitura foi associada, por uma grande parte das professoras e dos professores, a um momento de "puro prazer de ler", reforçado até pelo significado da palavra deleite: "sensação ou sentimento aprazível; satisfação, deleitamento, deleitação", de acordo com o dicionário *online Oxford*.

Entendemos que o PNAIC teve uma influência importante para reforçar a leitura literária como prática permanente e diária na escola, fruto também de longas lutas e discussões no campo da educação e da formação de leitores. Contudo, ao utilizar a expressão "leitura deleite", o programa pode ter contribuído para a disseminação da ideia da leitura literária apenas por prazer – o que acabou por deixar na sombra uma parte importante do trabalho que deve ser feito pelas professoras e professores, no sentido de contemplar as múltiplas aprendizagens de leitura de seus estudantes, apresentando e propondo obras que demandam esforços por parte deles para adentrá-las e fruí-las.

Mediante a intenção de formar leitores, as ações das professoras e dos professores devem ir muito além da leitura com boa entonação e da apresentação da autoria do texto. É fundamental planejar os meios de aproximação para que os leitores possam fruir a obra, acessando suas construções narrativas e camadas mais profundas de sua estrutura. Afinal, o prazer e a fruição também podem vir do embate com um texto desafiador, e com o fato de se poder ler mais e melhor, conquistando habilidades leitoras nesse caminho.

Lembramos novamente do crítico literário inglês James Wood (2011, p. 64), que escreveu: "Os jovens ainda não leram literatura suficiente para aprender com ela de que modo lê-la". Assim, os professores e as professoras devem estar atentos e atentas para apoiar os estudantes em seu trajeto leitor.

CONVERSA: LUGAR DE HONRA NA LEITURA

Por ser a leitura literária uma prática social que nasce e se alimenta do contato com outros leitores, a conversa ocupa um lugar de honra na socialização de diferentes perspectivas e fruições, mobilizando e ampliando descobertas, análises e sentidos dos textos lidos, bem como as habilidades de leitura e os conhecimentos literários. A conversa é terreno onde importantes aprendizagens relacionadas à leitura literária acontecem, além, é claro, do ensino da arte da escuta e da valorização de diferentes pontos de vista.

Há aprendizagens a respeito da leitura literária que só ocorrem na troca entre os leitores. Quando conversamos sobre uma obra, compartilhamos a leitura, reencontramos o livro, voltamos a lê-lo, agora acompanhados pela polifonia de vozes que alargam sentidos, estendem impressões, tecem saberes coletivamente. Cecilia Bajour (2012) propõe que o intercâmbio entre leitores seja considerado o eixo central para o encontro de saberes literários.

Ao reconhecermos o lugar de destaque que a conversa tem na formação dos leitores, estamos também assumindo o entendimento de que ler é compreender e posicionar-se de modo singular diante da obra, recorrendo a conhecimentos prévios e à experiência de vida e de leitura para atribuir sentidos no encontro com o livro. Embora existam saberes compartilhados, limites e contornos do texto, e muita influência do social ao construirmos sentidos sobre a leitura, há algo que acontece ali que diz respeito ao encontro único de cada leitor com a literatura.

Graciela Montes faz uma inusitada e bonita comparação da leitura com a imagem retirada de um conto italiano escrito por Italo Calvino (1992), em que ele discorre sobre um rei que seria salvo da morte se pudesse roubar uma das penas de um ogro. Mas um ogro tem penas? Em que lugar ficariam esses apêndices esquisitos em uma criatura como ele? Como fazer para pegá-la? Onde estaria essa salvação, esse encontro-garantia de vida?

Segundo a autora, todo leitor empreende uma busca por essa pena. Assim escreve ela, poeticamente, sobre o processo de leitura:

> As penas do ogro pertencem ao leitor, fazem parte de sua empreitada. Elas deverão ser descobertas e arrancadas por ele, pertencem à sua esfera de poder e estão fora do alcance do poder de outros, além de qualquer tentativa de administração ou controle da leitura. (Montes, 2020, p. 85)

Se a leitura é, portanto, atividade criativa de cada leitor que escapa a controles prévios, as tais penas encontradas, ao serem compartilhadas em uma conversa, podem se transformar em alimentos para outros leitores, expandindo os sentidos que cada um, isoladamente, encontra na leitura.

A polifonia existente no encontro coletivo com um livro possibilita a descoberta de que é possível compartilhar e ouvir outras percepções e impressões sobre o lido. Dessa maneira, a conversa enquanto espaço de criação e de ação de cada leitor revela a beleza de ler junto, de aprender com os outros – o texto, as ilustrações, o autor, os leitores e as leituras.

A conversa é uma ação não linear, pois a intervenção de cada participante pode suscitar uma nova ideia ou comentário nos parceiros. Na escola, onde estamos acostumados à ordem e à disciplina, a ação aparentemente desordenada causa ruído. Entretanto, falar sobre literatura é uma maneira de contemplação compartilhada (Chambers, 2023). A troca cooperativa de ideias causa um efeito público, que alarga a capacidade de pensar e compreender a obra – o que se descobre é muito mais do que a soma do que cada qual pensava antes da proposta.

A seguir, acompanhamos os movimentos sutis do trecho de uma roda de conversa literária com uma turma de 5º ano do Ensino Fundamental em uma escola municipal de Itapeva[8], São Paulo. O ponto de partida é a leitura do livro *O sopro do leão*, de Marcos Bagno e Simone Matias (2021). Na história, o menino Leonardo teme as águas; seu pai, Leônidas, deseja ensiná-lo a nadar; e o avô, Leocádio, sonha em vê-lo confiante e seguro. Diante da boia que o menino ganha de presente do pai, será o avô a encorajá-lo, com seu sopro, a entrar na água. Assim, os três "leões" – Leonardo, Leocádio e Leônidas –, protagonizam uma narrativa sobre

8 Projeto Comunidades Leitoras em Itapeva, realizado pelo Instituto Avisa Lá em parceria com a Secretaria Municipal de Educação e a Agropecuária São Nicolau.

laços afetivos e memórias que fortalecem e ajudam o pequeno Leo a atravessar o desafio de se lançar nas águas e na vida.

Criança 1: Eu acho que ele queria entrar na água, mas estava com medo. [...] O sopro do avô dele foi um sopro de amor pra ele não ter medo de nada, nem da água.

Criança 3: O vô dele morreu, mas deixou a lembrança e o seu amor no sopro.

Criança 4: A flor da capa é o dente de leão.

Professora: E qual a relação da flor com a história?

Criança 3: Essa flor tem que soprar bem forte e também no nome dela tem leão.

Professora: O que mais chamou a atenção de vocês nessa história?

Criança 3: Eu gostei da parte que o avô soprou a boia porque ele defendeu o menino.

Criança 5: A parte que ele chega na casa da vó e mexe no biscoito lembra a casa da minha vó.

Criança 4: Eu gostei da parte que ele perdeu o medo e entrou no mar, a boia deu coragem para o menino enfrentar o medo.

Criança 1: O vô dele inspirou a ele não ter medo da água.

Professora: Por que vocês acham que ele decidiu soltar o sopro do avô?

Criança 2: Mesmo com um medo profundo da água, ele soltou o sopro do avô pra deixar se juntar com outros sopros, ficar livre. Isso foi muito corajoso. Quando o ar da boia saía, espalhava o amor do avô.

Criança 3: Ele soltou porque não precisava mais da boia e para agradecer o vô por ser livre.

Criança 2: Ele soltou o ar do vô e mesmo assim o vô estava presente, porque agora não estava só na boia, mas misturado com todo o ar em todo lugar.

Criança 3: Ele sabia que ia morrer e queria ajudar o neto pela última vez...

Criança 5: Porque amava muito o neto.

A escuta do texto abre caminho para o compartilhamento de ideias, sensações e interpretações entre as crianças, revelando como a literatura pode despertar vozes, afetos e pensamentos que já habitam o imaginário infantil. Na composição dessa roda, é possível perceber não apenas o que se compreende da história, mas o modo como cada um se inscreve nela – criando vínculos entre texto e experiência, entre palavra e mundo. Observa-se uma construção coletiva de sentidos por meio da constituição de uma comunidade interpretativa, como destaca Teresa Colomer (2007).

Como vimos, a conversa literária propicia a construção de um pensamento coletivo sobre a leitura e nela incidem duas dimensões: a individual, ao convocar o leitor a organizar o que pensou e sentiu em palavras para compartilhá-lo, e a social, uma vez que se espera ouvir o que os outros têm a dizer. Compartilhar os sentidos pessoais que elaboramos na leitura nos ajuda a reconhecer o que pensamos sobre ela e, desse modo, organizamos nosso pensamento.

A esse respeito, Chambers (2023, p. 30) afirma que "a fala faz parte do nosso processo de pensamento", o que fica explícito em algumas expressões que não raro utilizamos, como: "pensar em voz alta" ou "falar com seus botões". É mesmo habitual descobrirmos o que estamos pensando quando nos ouvimos dizer algo a respeito de um assunto. Na conversa sobre o lido, também aprendemos a falar de um modo diferente do que em outras situações: entramos na tessitura de um discurso característico da leitura literária, apropriamo-nos de termos usados nesse campo, tais como enredo, personagens, intertextualidade. Ou seja, aprendemos o modo próprio de conversar sobre os livros, indo além de meras opiniões superficiais, que muitas vezes podem predominar em respostas generalistas dos estudantes: "Gostei"; "Não gostei"; "O texto é legal"; "Achei bom". Comentários dessa natureza são suscitados por perguntas genéricas, que desconsideram especificidades da obra lida: o que acharam? Vocês gostaram do livro? Ao contrário, ao fomentar a discussão de características específicas de determinada narrativa, uma boa conversa literária qualifica não apenas a leitura do momento, mas oferece ferramentas para os encontros futuros dos leitores com outros livros, ampliando o leque de suas habilidades.

Para tanto, é fundamental que as professoras e os professores tenham intencionalidade durante a conversa. É necessário que eles a preparem antecipadamente, considerando algumas direções:

- o que o mobiliza como leitor – onde se detém; quais trechos o tocaram e o porquê; as perguntas que fez ao texto; as hipóteses que tinha antes de ler e se elas se mantiveram ou não; quais conhecimentos acionou; com que outros textos ele dialogou;
- o que os estudantes são capazes de perceber e trocar entre si, como conteúdos já trabalhados em outras ocasiões;
- o que considera que os estudantes devem observar para que avancem em suas aprendizagens literárias.

Dessa maneira, ao planejar o momento da leitura com seus estudantes, procura prever as diferentes camadas de compreensão que podem ser acessadas na conversa e mantém sua escuta aberta.

Vejamos mais um exemplo. Desta feita, a roda de leitura de *Uma Chapeuzinho Vermelho*, de Marjolaine Leray (2012)[9], em uma turma de 1º ano do Ensino Fundamental. O livro-álbum

9 A leitura e posterior conversa apresentadas foram realizadas pela formadora Dami Cunha, do Instituto Avisalá, que desenvolvia o projeto "Experiências formativas em cultura escrita com crianças de 4 a 7 anos", visando a formação continuada de profissionais da Educação Infantil e Ensino Fundamental I. Tal ação se inscrevia no programa Melhoria da Educação, do programa Melhoria da Educação, do Itaú Social, em 2019.

é uma versão audaciosa, que subverte o conhecido conto de Charles Perrault. Chapeuzinho ainda é aquela menina pequena e de aparência delicada, supostamente uma presa fácil para o lobo. Contudo, ela se revela singularmente perspicaz, ardilosa e muito corajosa, derrotando o famigerado lobo mau – assustador, por certo, mas bastante ingênuo.

Não à toa, o título dessa versão acrescenta o artigo indefinido "uma", que cumpre a função de ressaltar que sua heroína é diferente da original. Sabendo que o título é uma chave de leitura para esse livro, ou seja, um aspecto essencial para a compreensão da obra, a formadora escolhe conversar sobre isso, elaborando perguntas que ajudem as crianças a perceberem essa construção narrativa.

> *Formadora*: Vamos conversar um pouco sobre esta história. Eu percebi, logo no começo, que vocês já conhecem bem histórias de Chapeuzinho Vermelho, né? E as histórias que vocês conhecem são parecidas ou diferentes dessa? Como são?
>
> *Criança*: São diferentes, porque tem a vovó, a mamãe...
>
> *Formadora*: Tem alguns personagens que não tem nessa história...
>
> *Criança*: O caçador...
>
> *Formadora*: O que mais tem de diferente aqui nessa história? O que mais vocês perceberam?
>
> *Criança*: É por causa que, quando a professora lê alguma história da Chapeuzinho Vermelho para a gente, o lobo não come bala. É outra coisa!
>
> *Formadora*: É mesmo? Então, não tem essa bala nas histórias que vocês conhecem?
>
> *Crianças*: Não!
>
> *Formadora*: Quando eu apresentei para vocês, vocês lembram o nome desse livro? Dessa história?
>
> *Crianças*: Uma Chapeuzinho Vermelho!

Formadora: Por que será que ele não se chama Chapeuzinho Vermelho, como as outras?

Criança: Mas ela é só uma! Não existem duas!

Criança: Mas nas outras histórias também só tinha uma!

Formadora: Ah, só tinha uma... E se chamava "Chapeuzinho Vermelho"... Por que será que essa se chama "Uma Chapeuzinho Vermelho"?

Criança: É porque ela é corajosa!

Formadora: Por que você acha que ela é corajosa?

Criança: Porque ela deu uma bala para o lobo, mas ela não foi engolida pelo lobo! E ela teve coragem para dar uma bala para o lobo.

Formadora: Mas será que antes de ela entregar essa bala, será que essa Chapeuzinho já se mostrava corajosa?

Criança: Sim, porque quando o lobo falou: "Eu vou te comer!", ela não ficou com medo, ela não chorou, ela não ficou brava, não fez nada.

Criança: Quando ele falou: "Vou te comer", ela disse: "Nada disso!"

Formadora: Ahhhh... Mas isso conta que ela é corajosa? *Retomando o livro:* Ele diz assim, eu vou reler essa parte... Ela diz: "Gente, que dentões!" Ele diz: "São pra te comer!!!" E ela diz: "Não, senhor!" E ele: "Não?"

Criança: Mas essa menina é muito corajosa!!!

Formadora: É desse jeito que ela fala, que conta pra gente que ela é muito corajosa?

Crianças: Sim!!!

Muitas vezes, a conversa literária se atém a comentários sobre as características dos personagens e o enredo, focando nas ações da narrativa. Nessa conversa, contudo, percebemos que, além de evidenciar a principal característica da heroína, tão diferente da original, a formadora propõe que o grupo vá além: que investigue, no texto lido, quais elementos denotam a coragem da menina. As perguntas elaboradas convidam as crianças a assumirem o papel de detetives: procuram, no texto, os indícios que revelam a especificidade dessa Chapeuzinho. Portanto, as intervenções da formadora apoiam as aprendizagens das crianças a respeito da forma de dizer as coisas na literatura.

Os registros das conversas entre leitores, como esse que acabamos de conhecer, são essenciais, uma vez que as conversas estão no campo da oralidade e, portanto, são efêmeras. Por meio do registro, que pode ser feito através de gravações de áudio ou vídeo e transcrito em seguida, professores e professoras e coordenadores e coordenadoras poderão retomar o que foi vivido para pensar nas aprendizagens das crianças, reconhecer suas conquistas, seus trajetos, e decidir por onde avançar. Enfim, para pensar intervenções, qualificar e enriquecer o planejamento e a prática pedagógica.

Afinal de contas, na escola, instituição responsável pela formação de leitores, espera-se que as crianças possam progressivamente constituir mais recursos para conversar sobre o que foi lido: estabelecer relações entre as histórias lidas; compartilhar suas impressões; reconhecer e conversar sobre o estilo de um autor; indicar leituras; explicitar emoções que determinado texto suscitou. Tudo isso faz parte do aprender a ser leitor.

OBSERVAÇÃO E ESCUTA

Até agora, destacamos o papel das professoras e dos professores como mediadoras e mediadores, o que inclui: a escolha do que será lido; o planejamento da leitura e a conversa em torno dela; as expectativas de aprendizagens em jogo; o registro. Todos esses aspectos estão relacionados ao conhecimento que as professoras e os professores constroem sobre o percurso de seus estudantes – conhecimento forjado na escuta e na observação.

A escuta e a observação não se resumem a um talento ou a uma técnica: são habilidades que podemos aprender, desde que assumamos que o outro sempre tem algo a dizer. Isto é, quando nos relacionamos com os estudantes tomando-os como sujeitos ativos, reconhecemos sua capacidade de entrar em contato com os textos literários, de aprender com eles, de fruí-los. Partimos do princípio de que, como leitores, eles têm algo a dizer sobre o que leram ou ouviram, confiamos neles e nos mantemos porosos. E isso também nos transforma: o encontro com outros leitores abre perspectivas inusitadas, multiplica compreensões.

Nesse sentido, as professoras e os professores estão permanentemente abertos para os aportes dos estudantes, receptivos à surpresa e ao inesperado. Pensadas dessa maneira, a escuta e a observação das professoras e dos professores são posturas políticas que empoderam os estudantes. Elas exigem tempo e atenção, o que significa ir contra a corrente da pressa e do instantâneo em que estamos imersos.

Também demandam que nos coloquemos contra o imperativo narcísico no qual nossa sociedade tem se apoiado. Atualmente, todos parecem ter o que dizer, mas quem de fato tem a capacidade de escutar, saindo de si e considerando verdadeiramente o outro? Ler literatura é escutar o humano, o outro, suas experiências, aventuras, modos de ser e de viver que podem ser muito diferentes dos nossos. Assim também acontece em uma verdadeira conversa, pautada pela escuta e pela troca.

A FORMAÇÃO DAS PROFESSORAS LEITORAS E DOS PROFESSORES LEITORES

Em uma escola que reconhece a importância da formação literária de seus estudantes e se compromete com ela, facilitando o acesso aos livros, espaços, tempos, e às práticas de leitura, é imprescindível que se dedique bastante atenção à figura das professoras e dos professores, que são aquelas e aqueles que têm o papel de mediar, concretizar e ampliar os encontros das crianças com a literatura, no cotidiano.

Evidentemente, para que as professoras e os professores possam assumir esse papel com propriedade, é necessário que sejam, eles próprios, leitores de literatura, corroborando o compromisso pessoal ético que há na raiz da escolha de ser um educador envolvido na formação de leitores. Entendemos que ser um leitor literário supõe uma jornada pessoal que contribui para o contato frequente e a intimidade com os livros para além daquelas leituras que escolhe para sua turma.

Contudo, as professoras e os professores não devem estar sozinhos nessa empreitada. É sabido que muitas educadoras e muitos educadores, ainda que bem-intencionados, não tiveram acesso às literaturas em seu percurso formativo, da educação básica à formação inicial nos cursos de pedagogia. Diante dessa realidade, é evidente que a formação das e dos docentes leitores torna-se responsabilidade da instituição escolar e, de modo mais direto, precisa estar incluída no rol das atribuições das e dos coordenadores pedagógicos, nos momentos de formação continuada em serviço.

Ao exercer o papel de formadores que acompanham a prática das professoras e dos professores em sala de aula, o coordenador pedagógico ou a coordenadora apoia o planejamento das leituras ajuda a pensar em um percurso leitor, acompanha as rodas de leitura por meio da observação em loco, reflete com as professoras e com os professores sobre suas mediações e sobre as aprendizagens das crianças, incentiva a produção de registros, analisa-os e faz devolutivas. Tudo isso, evidentemente, contribui para qualificar a prática das professoras e dos professores com seus estudantes, bem como colabora para sua formação pessoal e profissional.

Ao planejarem uma leitura juntos, coordenadores e professores se alimentam enquanto leitores. Refletem sobre a pertinência daquele livro para a turma, conversam sobre sua qualidade literária. Debruçam-se sobre o texto, analisam sua arquitetura, reconhecem as chaves de leitura, antecipam possíveis diálogos que a obra pode provocar, observam as relações entre texto, ilustração e projeto gráfico, decidem a melhor forma de registro daquela situação.

Como acreditamos em uma formação dialógica dos leitores, sejam eles crianças ou adultos, sustentamos que ela faz parte da formação continuada na escola: considerar as biografias leitoras dos educadores e cuidar de seu repertório literário, incentivar a exploração da produção literária atual, realizar leituras compartilhadas no grupo para ampliar as experiências de mediação, engajar as professoras e os professores na escolha do acervo da instituição, estimular a criação de feiras literárias, conversas com autores; incentivar a participação dos docentes em eventos fora da escola, entre outras ações como as que descreveremos no capítulo a seguir.

Quando a escola conta com uma bibliotecária ou um bibliotecário ou professora e professor dedicados à sala de leitura, esses profissionais podem exercer um importante papel no processo de formação literária dos educadores. Sua atuação pode envolver a ampliação do repertório leitor, a instalação de dispositivos de trocas e indicações literárias, a promoção de clubes de leitura, de encontros com autores e entre leitores para os adultos da unidade escolar, de modo a favorecer a constituição de uma comunidade leitora.

5
A LEITURA ACONTECE

Os leitores, na vida, experimentam práticas variadas de leitura literária. Assim também deve ser na escola.

[...] O padre Cabral, para seu deleite e nosso encantamento, declamava para seus alunos episódios da epopeia [Os Lusíadas]. Apesar do sotaque de além-mar, a força do verso nos tomava e possuía. [...] despertava nossa sensibilidade, retirando-nos do poço da gramática portuguesa [...] para a sedução da literatura, das palavras vivas e atuantes. As aulas de português adquiriram outra dimensão.

Jorge Amado (2010, p. 55-56)

Se a leitura diária pelas professoras ou pelos professores, conforme exploramos no capítulo anterior, é a espinha dorsal da formação de leitores literários na escola, também é importante considerar uma variedade de outras práticas sociais, como é na vida. A leitura diária pela professora ou pelo professor oferece continuidade, o contato com um leitor mais experiente e o encontro planejado com as obras e com outros leitores. Essa prática possibilita a criação de uma íntima e constante comunidade de leitores, que se encontram todos os dias em torno dos livros e títulos compartilhados, o que propicia aos estudantes trilharem juntos um percurso de leituras escolhidas.

Contudo, outras práticas de leitura literária tocam os leitores de maneiras diversas: cada qual ilumina uma faceta desse universo e possibilita uma variedade de aprendizagens. Vejamos algumas delas.

LEITURA COMPARTILHADA

Entendemos essa proposta como as situações em que o professor ou professora ou um estudante lê em voz alta um texto ou trecho enquanto os outros acompanham, com um exemplar em mãos. O que está em jogo nessa proposta é que todos ouvem a leitura, ao mesmo tempo que fruem o texto escrito, percebendo sua arquitetura, jogos intertextuais, estruturas e linhas de sentido, e os efeitos que o texto causa nos leitores.

Para esse momento em que todos têm a oportunidade de mergulhar profundamente na urdidura da obra literária, é interessante que se escolham livros que tragam desafios, estruturas que fujam do conhecido, e que se planejem modos de exploração, boas perguntas sobre o texto e sua forma, para que os estudantes possam ativamente discutir, compreender os significados e negociar sentidos, apoiando-se nos elementos apresentados pelas narrativas.

Livros desafiantes, elaborados, que geram desdobramentos e ampliações de sentido. Obras com as quais os estudantes podem se lançar tanto à leitura compreensiva – aquela "que se limita a explorar os elementos internos do enunciado, os sentidos denotados" – quanto à leitura interpretativa – "que utiliza conhecimentos externos para suscitar significados implícitos, segundos sentidos ou símbolos que os leitores devem fazer emergir dos textos" (Colomer, 2007, p. 149).

Abre-se também, nessas ocasiões, a possibilidade de o educador ou educadora atentar para a fluência leitora dos estudantes.

Percebemos que, embora essa seja uma das aprendizagens relacionadas à leitura, muitas vezes ela ganha relevância aos olhos dos educadores, monopolizando o foco em relação à avaliação das competências leitoras de seus estudantes. Todavia, para ser um bom leitor é preciso muito mais do que transmitir o texto em voz alta com fluência. Um leitor pode ter essa habilidade desenvolvida, mas não ser capaz de atribuir sentido ao lido, portanto não compreender o que lê[10].

Tendo o cuidado de não reduzir a experiência da leitura compartilhada à fluência leitora, é possível desenvolver a importante habilidade para a comunicação oral do texto, por meio da seleção de obras adequadas à leitura em voz alta. Um exemplo são os textos teatrais, que são escritos para serem oralizados – a leitura dramática se insere nessa categoria.

LEITURA SOLITÁRIA

A leitura solitária e silenciosa é, por excelência, a maneira pela qual se lê desde a modernidade. Não é rara a associação da leitura à intimidade. Se fizermos uma busca na internet por imagens de leitores, a grande maioria revelará cenas em que eles estarão a sós com o livro. Mesmo a escola sendo a grande ocasião para o encontro com a leitura, como bem afirma a escritora argentina Graciela Montes (2018), em geral percebemos que há ali pouco espaço dedicado à modalidade de leitura mais difundida socialmente: lê-se muito coletivamente, ao passo que a leitura individual costuma ficar relegada à casa e às atividades fora do turno escolar.

10 A relevante pesquisa Retratos da Leitura no Brasil, em sua 6ª edição (Instituto Pró-Livro, 2024), aponta que 36% dos entrevistados (população brasileira residente com 5 anos ou mais, alfabetizada ou não) têm alguma das seguintes dificuldades de habilidade para a leitura: não têm paciência para ler, leem muito devagar; têm problemas de visão ou outras limitações físicas que dificultam a leitura; não têm concentração suficiente para ler; não compreendem a maior parte do que leem; não sabem ler.

Proporcionar tempos e espaços para essa modalidade de leitura literária é valorizá-la, ensinando cada um a encontrar respiros entre tantas demandas e seduções diárias. Assim, configura-se a oportunidade de os estudantes cultivarem a solitude, a intimidade com a leitura e com os outros que habitam os livros.

Isso não impede de abrirmos um espaço de socialização de ressonâncias individuais, de compartilhamento das leituras, de modo a apoiar a formação de uma comunidade de leitores, em que os estudantes possam apreciar leituras com os demais e construir sentidos comuns. Mesmo sendo a escola o lugar das interações, do coletivo, e um local especial para a troca entre leitores, deve haver também o exercício da leitura solitária. Ela traz em si o germe da interação, pois provoca a curiosidade pela leitura do outro, que pode suscitar conversas e indicações.

Acompanhamos uma prática institucional interessante: a fim de viabilizar a leitura solitária como proposta permanente em sua unidade escolar, a diretora de uma escola municipal instituiu 45 minutos semanais dedicados a essa prática. Em dias de semana e horários variados, todos daquela instituição paravam para ler o que desejavam – fosse o livro trazido de casa, uma revista, o exemplar retirado da biblioteca ou da sala de leitura. A ação envolvia os profissionais de apoio, professores, estudantes e pessoal administrativo. Dessa forma, a escola incentivava, valorizava e oferecia condições para a leitura individual, íntima. E a leitura literária ganhava mais um espaço.

EXPLORAÇÃO COLETIVA DO ACERVO

Tal como abordamos ao longo desta obra, essa é uma ação imprescindível para o engajamento no mundo da leitura. Afinal, um dos maiores prazeres de um leitor reside na possibilidade de explorar, descobrir e escolher o que quer ler. Além de possibilitar tempos para percorrer e investigar o acervo nas estantes da biblioteca, da sala de leitura ou da própria sala de aula, outras propostas podem ser feitas para que os estudantes se aproximem e descubram os livros.

Uma delas é o Mar de Histórias: um amplo tecido no qual são dispostos vários livros selecionados pela professora ou pelo professor, com base em sua intencionalidade. Uma curadoria que pode trazer títulos do mesmo gênero, tema, autoria, ou primar pela diversidade. Nessa proposta, é desejável que os estudantes sejam informados dos livros que ali estão e tenham tempo suficiente para pesquisar, escolher e ler. Isso pode acontecer tendo a educadora ou o educador como modelo, atuando como leitor mais experiente nessa exploração: lê a quarta capa, as orelhas, conta de suas experiências com algumas obras.

Enquanto os estudantes exploram, a professora ou o professor se coloca à disposição e, no lugar de observador intencional, acompanha o movimento da turma, os livros que mais chamam a atenção, os critérios utilizados para a escolha, as conversas entre pares. Esses elementos fazem parte das aprendizagens das crianças e sua observação tanto revela o trabalho já realizado como alimenta os próximos planejamentos.

As expectativas de aprendizagem devem ser o norte das observações dos educadores, ou seja, professores observam aquilo que avaliam ser prioritário para que as crianças aprendam em determinada proposta. Alguns pontos de observação possíveis: há ampliação dos critérios utilizados para a escolha dos livros por parte delas? As conversas entre os pares incorporam aspectos, considerações e modos de aproximação aos textos que costumam fazer parte das rodas de leitura mediadas? Os estudantes tecem comentários sobre histórias que se relacionam com a obra em questão? As crianças comentam as ilustrações e a relação entre texto, imagens e projeto gráfico do livro?

EMPRÉSTIMOS DE LIVROS

Essa é uma ação vinculada à exploração do acervo, seja ela coletiva ou individual. Longe de ser uma atividade residual, feita quando sobra tempo ou restrita à iniciativa dos estudantes, a escola que forma leitores deve afirmar a relevância de saber escolher o que se vai ler. Quando seleciona o livro que deseja ler, o leitor vai se reconhecendo, percebendo seus gostos, seus interesses, os gêneros que mais o atraem, os autores com os quais dialoga, e também tem a possibilidade de desbravar novos horizontes.

Além disso, ao levar o livro para casa, o leitor estende seu tempo com ele, podendo voltar a lê-lo muitas vezes, reler os trechos preferidos, e compartilhá-lo com seus familiares, uma vez que frequentemente a família acaba se engajando na leitura de tais obras. Considerando que um leitor se constitui no contato com outros leitores, em comunidade, o empréstimo de livros se revela essencial também para a ampliação da rede de leitores.

Mesmo que não exista um espaço exclusivo dedicado aos livros na escola, como o são a sala de leitura ou a biblioteca, pode-se constituir um acervo circulante destinado a ser levado para casa pelas crianças e que fique na própria sala. O educador ou a educadora pode combinar com elas qual será a periodicidade do empréstimo: uma ou duas vezes por semana. Sugerimos que, no retorno da proposta, haja tempo para conversas sobre as leituras realizadas em casa, garantindo o importante momento de trocas, de conversas entre leitores.

INDICAÇÕES DE LEITURA

É sempre pelas palavras de outros leitores que nos chegam os livros. A busca de um título também pode ser inspirada pela indicação de leitura de um companheiro de turma, um leitor mais experiente como é o professor ou a professora, por exemplo, ou até leitores mais distantes, que chegam por outros meios, como revistas, jornais, *blogs*, *sites*, redes sociais.

As indicações de fato fazem parte das ações frequentes que os leitores costumam realizar. Nas palavras de Irene Vallejo, "recomendar e entregar uma leitura escolhida é um gesto poderoso de aproximação, de comunicação, de intimidade com outra pessoa. [...] Quando uma página nos comove, um ser querido vai ser o primeiro a quem falaremos dela". (Vallejo, 2022, p. 330)

Na escola, sabe-se, é preciso cultivar, de modo intencional e sistemático, as práticas sociais de leitura, em todo o trajeto de formação de leitores literários fluentes. As indicações podem ganhar relevo se houver espaços e tempos consagrados a elas: um mural nas paredes da instituição, da sala de leitura ou junto ao canto de livros; momentos de socialização de indicações literárias nos diferentes meios em que circulam: redes sociais, vídeos, *sites*, *blogs*, revistas e jornais, entre outros.

Perguntar aos leitores para quem recomendam determinada leitura – com quem o livro combinaria – pode ser um ótimo incentivo para que as indicações literárias sejam realizadas correntemente entre os estudantes. Ao qualificar um livro para sugeri-lo a alguém, é necessário considerar certos critérios: pensar no leitor a que se destina, no livro e no encontro entre os dois.

Ao lhes pedir que façam indicações literárias, desafiamos os estudantes a construir argumentos para si mesmos, lapidando sua opinião e crítica sobre a obra lida. Desse modo, aprendem a transformar em palavras aquele encontro estético, tomam consciência e refinam os critérios que balizam suas escolhas.

SESSÕES SIMULTÂNEAS DE LEITURA

Outra prática interessante que envolve a escolha de livros é a sessão simultânea de leitura[11]. Essa proposta inclui diferentes atores da escola – estudantes, professores, coordenadores pedagógicos e outros profissionais que desejem participar. Trata-se de um projeto institucional que expande a formação de leitores para além da sala de aula. Seu funcionamento se dá da seguinte maneira: cada adulto mediador de leitura elege um título para compartilhar com as crianças.

A sessão de leitura pode ter como tema a apresentação de diferentes livros ilustrados, contos de fadas variados, leitura de poemas, títulos de um mesmo autor etc. O ideal é que essas escolhas sejam partilhadas em um encontro formativo, de modo a serem discutidas entre os mediadores, que poderão deliberar sobre os livros, buscando garantir que concorram títulos semelhantes (do mesmo gênero, por exemplo) em cada sessão. Outros critérios a serem considerados são a extensão da obra – que deve ser lida na sua totalidade durante a sessão –, a qualidade estética e a novidade da leitura, para ampliar o repertório dos ouvintes.

Em seguida, cada mediador ou mediadora prepara uma resenha de apresentação do livro – é nesse sentido que a novidade deve ser um critério, pois as crianças aprendem um importante comportamento leitor: a escolha de leituras com base em resenhas. Elas poderão ser expostas em um mural ao qual os leitores terão acesso para conhecer as obras e inscrever-se na sessão desejada. No caso das crianças me-

11 Desenvolvido pela Prefeitura de São Paulo, em parceria com a Fundação Victor Civita, no início dos anos 2000, o projeto Sessões Simultâneas de Leitura originou-se na Argentina, quando foi desenvolvido pela Dirección Provincial de Educación Inicial da Subsecretaria de Educación da Província de Buenos Aires, com o nome de *Sesiones Simultáneas de Lectura*.

nores, da Educação Infantil, o processo de escolha deve ser acompanhado pelas e pelos docentes, que leem as resenhas e as ajudam na inscrição, que elas podem fazer escrevendo seus nomes em folhas junto ao mural.

Logo depois, ocorrem as leituras. Como a eleição foi feita considerando o interesse pelo livro, é possível e desejável que os grupos sejam heterogêneos, agregando ouvintes de diferentes turmas e idades. Com essa atividade, abre-se também a oportunidade para que todos possam ouvir diferentes mediadores, além de seu professor de sala.

Ao final da sessão, as crianças voltam às suas turmas e compartilham suas impressões, podendo fazer indicações para colegas específicos. O ideal é que a mesma sessão suceda mais de uma vez, possibilitando que as crianças elejam uma nova obra a partir das dicas compartilhadas. Para que isso ocorra, recomendamos que as sessões simultâneas sejam realizadas em datas próximas.

SARAUS

O termo "sarau" deriva do latim "*seranus*", que significa "atividade realizada à noite". São eventos artísticos que favorecem encontros para celebrar a cultura, como leitura e recitação de poemas, contos e trechos literários, muitas vezes acompanhados de apresentações musicais.

Essa prática é milenar e não se sabe ao certo onde começou. Há quem diga que foi na Grécia antiga, em suas famosas ágoras, e ganhou relevo durante o século XIX. No Brasil, foi trazida pela Corte portuguesa e tornou-se muito popular entre as camadas mais abastadas.

No século XXI, observamos o renascimento dos saraus nas periferias das grandes cidades. Em São Paulo, desde 2001, há o Sarau da Cooperativa Cultural da Periferia (Cooperifa), criado pelos poetas Sérgio Vaz e Marco Pezão. O evento é considerado pioneiro na promoção e difusão da cultura periférica negra e nordestina na capital paulista, dando voz aos artistas e coletivos locais.

Na escola, é desejável que a diversidade de práticas literárias existentes na sociedade ali esteja representada. Pelo seu caráter coletivo, o sarau é uma boa escolha. Versátil, agrega diferentes faixas etárias e pode se configurar como uma oportunidade de os leitores compartilharem seus gostos e leituras. É uma proposta que pode fazer parte de comemorações e festividades ou se tornar habitual - conhecemos uma instituição em que às sextas-feiras as aulas começam com um sarau.

Embora seja uma prática que abarca diversas faixas etárias, quando se trata das crianças menores, como as dos anos iniciais do Ensino Fundamental, por exemplo, o papel das professoras e dos professores se torna essencial, ao apoiar a escolha dos textos a serem socializados, promover e participar de ensaios e encorajar os estudantes a se apresentarem no evento.

Para além de conhecer e tomar parte em uma prática social tradicional, ouvir um texto lido ou recitado por outros leitores pode ser um grande estímulo à leitura, ampliando o repertório de todos os participantes.

INVENTÁRIOS DE LEITURA

Consideramos que uma das funções da escola é oferecer condições para que o leitor possa forjar uma relação pessoal, íntima, com a leitura literária. Assim, a instituição apoia cada leitor em seu percurso, constituído tanto pelo repertório comum quanto pelo singular.

O repertório comum é aquele que coloca o estudante em contato com uma "herança cultural compartilhada", como define Colomer (2007, p. 55). Por sua vez, o repertório singular diz respeito à biblioteca interna, povoada por obras que a foram compondo enquanto leitor. São aquelas que fazem parte de suas preferências, que propiciaram encontros, transformações, descobertas. Em *Os diários de Emilio Renzi*, o escritor argentino Ricardo Piglia escreve:

> [...] os livros da minha vida, mas nem todos os que li, e sim aqueles dos quais lembro com nitidez a situação e o momento em que os lia. Se eu me lembro das circunstâncias em que estava com o livro, isso para mim é a prova de que ele foi decisivo. Não necessariamente os melhores, nem os que me influenciaram: são os que deixaram uma marca. Vou seguir esse critério mnemônico, como se eu contasse somente com essas imagens para reconstruir minha experiência. Um livro na lembrança tem uma qualidade íntima somente *se vejo a mim mesmo lendo*. Estou do lado de fora, distanciado, e me vejo como se eu fosse outra pessoa (sempre mais jovem). Por isso, talvez, penso agora, aquela imagem – fazer de conta que estou lendo um livro na soleira da casa da minha infância – é a primeira de uma série, e é por aí que vou começar minha autobiografia. (2022, p. 17-18)

O registro desse caminho pode ser feito por meio do que chamamos "inventários de leitura". Inventários, porque estão em processo e também porque são a maneira pela qual os colecionadores registram seus tesouros, descrevendo-os. Há, ainda, algo no significado dessa palavra que se relaciona com um importante ato da leitura: a partilha. Inventariar quer também dizer "discriminar para partilhar". No caso da escola, em que se encontram diferentes leitores, faz muito sentido supor que cada inventário poderá ser partilhado com os outros – a leitura de cada um contribuindo, dessa maneira, para a constituição de uma comunidade em torno do livro.

VISITAS A BIBLIOTECAS E LIVRARIAS

Promover visitas a bibliotecas públicas ou comunitárias e livrarias também pode fazer parte do planejamento relacionado à formação do leitor, como propostas eventuais. Esses são locais que perduram ao longo da vida de leitores, caracterizando-se como espaços de diálogos e trocas; enfim, de sociabilidade leitora, onde se trama a rede que lhes dá sustentação.

As livrarias brasileiras dedicadas à literatura infantojuvenil têm se revelado espaços cada vez mais propícios para a formação leitora e para o encontro com a infância. Apesar dos desafios enfrentados pelo setor editorial – como o fechamento de redes históricas e as mudanças nos hábitos de consumo –, muitas livrarias independentes vêm se consolidando como lugares de mediação cultural.

Em cidades grandes e médias, é possível encontrar livrarias que não apenas oferecem uma curadoria cuidadosa de títulos voltados para crianças e jovens, mas também promovem lançamentos, conversas com autores e ilustradores, oficinas, rodas de leitura e clubes do livro. A livraria, nesse contexto, deixa de ser apenas ponto de venda e passa a ocupar o papel de território comunitário, onde o livro é ponte para escuta, afeto e trocas.

As bibliotecas também fazem eventos literários que celebram a leitura, com contadores de histórias e oficinas, entre outras atividades. Quanto mais cedo as crianças puderem frequentar esses locais, considerando-os como ambientes em que se pode conviver com os livros e outros leitores, melhor.

Ambos os lugares podem oferecer amplo acervo, que muitas vezes ultrapassa aqueles a que as crianças em geral têm acesso na escola. O que se descortina ali é um convite sedutor que brota diante da vastidão do universo literário e se revela infinito para cada um. Afinal, nenhum leitor conseguirá ler tudo o que foi produzido, mas, ao ser capturado por esse mundo, passará a vida empenhando-se em desvendá-lo.

Um horizonte de tal magnitude coloca para os leitores o desafio da escolha do que ler, a busca e o encontro de seus gostos, preferências, necessidades e propósitos, aspectos que contribuem para o desenvolvimento de critérios próprios, que serão continuamente lapidados.

***

Na escola, todas essas práticas – e outras mais – devem ter lugar, ampliando a participação dos leitores no universo literário. Isso tudo posto em marcha colabora para a construção de um clima leitor que atravessa as relações dentro da instituição, fortalecendo o vínculo de todos os atores da comunidade com a leitura. Desse modo, os leitores acumulam um capital cultural fundamental "para que as situações de leitura se produzam de forma estável e permanente" em suas vidas (Colomer, 2007, p. 51).

Para o que propomos, apresentamos uma distribuição de atividades no tempo e no espaço com foco nas diferentes aproximações com a leitura literária para uma classe de 1º ano do Ensino Fundamental, ao longo de um mês. Não é um planejamento, visto que isso implicaria um detalhamento bem maior, com a previsão das conversas e a seleção de mais livros – ao longo desta obra, apresentamos vários exemplos que podem contribuir para isso.

Embora as propostas se dirijam à turma do 1º ano, a estrutura dessa sugestão valeria para qualquer turma dos anos iniciais da escolaridade, desde a Educação Infantil até o final da etapa do primeiro ciclo do Ensino Fundamental, desde que feitos os ajustes necessários.

Trazemos ideias de práticas variadas que envolvem a leitura literária de bons títulos. Os professores e as professoras podem explorar o acervo existente em suas unidades escolares, verificando a existência desses livros ou obras similares, dando continuidade e expandindo as atividades.

Proposta para a organização do cotidiano, com foco nas diferentes aproximações com a leitura
Turma de 1º ano – Período: mês 04/2024
Semana 1 – 01 a 05/4

Práticas	Segunda 01/04	Terça 02/04	Quarta 03/04	Quinta 04/04	Sexta 05/04
Ação: leitura pela professora **Espaço**: sala de aula **Periodicidade**: diária	**CONTOS DE ORIGEM ORAL** Sequência de leitura: *Conhecendo diferentes Cinderelas pelo mundo* **Cinderela**, de Charles Perrault (FRANÇA) In: ***Contos da mamãe gansa ou histórias do tempo antigo*** (Sesi)	**CONTO AUTORAL** ***Triz***, de Leo Lionni (Livros da Matriz)	**POEMAS** *Sequência de poetas contemporâneos brasileiros* Escolher três poemas do livro ***Árvores do Brasil***, de Lalau e Laurabeatriz (Peirópolis)	**CONTOS DE ORIGEM ORAL** Sequência de leitura: *Conhecendo diferentes Cinderelas pelo mundo* **Cinderela,** Irmãos Grimm (Ática) (ALEMANHA)	**LIVRO IMAGEM** ***João e Maria***, de Taisa Borges (Peirópolis)
Ação: exploração do acervo/escolha pelo estudante/ leitura solitária **Espaços**: canto de leitura/sala de aula e biblioteca escolar/ sala de leitura **Periodicidade**: diária	**Exploração livre do acervo do canto de leitura**, durante o momento de atividades diversificadas	**Varal de sugestões**, cada criança escreve do seu jeito ou indica sua sugestão para compor o canto de leitura, após visita à biblioteca/ sala de leitura	**Mar de poesias**, escolha de livros de poetas brasileiros/ as contemporâneos/ as, a partir de seleção prévia da professora ou do professor para compor o acervo do canto de leitura	**Empréstimos de livros** na biblioteca escolar/ sala de leitura, com indicações da professora ou do professor	**Roda de indicações literárias** "O melhor da semana" Votação e escrita coletiva de indicações de leitura para o mural da escola

Práticas	Segunda 01/04	Terça 02/04	Quarta 03/04	Quinta 04/04	Sexta 05/04
Ação institucional semanal	**Parada semanal de leitura** de toda a escola				
Ação institucional mensal					**Sarau coletivo de poemas** no momento de entrada

Semana 2 – 08 a 12/04

Práticas	Segunda 08/04	Terça 09/04	Quarta 10/04	Quinta 11/04	Sexta 12/04
Ação: leitura pela professora **Espaço**: sala de aula **Periodicidade**: diária	**CONTOS DE ORIGEM ORAL** Sequência de leitura: *Conhecendo diferentes Cinderelas pelo mundo* **A bênção do crocodilo** (INDONÉSIA) In: ***O tecido dos contos maravilhosos***, de Tanya Robyn Batt, ilustrações de Rachel Griffin (WMF Martins Fontes)	**CONTO AUTORAL** ***O sopro do leão***, de Marcos Bagno, ilustrações de Simone Matias (Olho de Vidro)	**POEMAS** *Sequência de poetas contemporâneos/as brasileiros/as* ***Cada coisa***, de Eucanaã Ferraz (Companhia das Letrinhas)	**CONTOS DE ORIGEM ORAL** Sequência de leitura: *Conhecendo diferentes Cinderelas pelo mundo* **Cinderela e Chico Rei**, Cristina Agostinho e Ronaldo Simões Coelho, ilustrações de Walter Lara (Mazza)	**LIVRO ILUSTRADO** ***Uma Chapeuzinho Vermelho***, de Marjolaine Leray (Companhia das Letrinhas)

Práticas	Segunda 08/04	Terça 09/04	Quarta 10/04	Quinta 11/04	Sexta 12/04
Ação: exploração do acervo/escolha pelo estudante/leitura solitária **Espaços**: canto de leitura/sala de aula e biblioteca escolar/sala de leitura **Periodicidade**: diária	**Exploração livre do acervo do canto de leitura**, durante o momento de atividades diversificadas	**Mar de livros de contos de origem oral**, escolha de livros pelos estudantes a partir de seleção prévia feita pela professora ou pelo professor para compor o acervo do canto de leitura	**Varal de poemas**, escolha e leitura de alguns poemas dos livros escolhidos na semana anterior	**Empréstimos de livros** na biblioteca escolar/sala de leitura, com roda de troca de indicações dos estudantes	**Roda de indicações literárias** "O melhor da semana" Votação e escrita coletiva de indicações de leitura para o mural da escola
Ação institucional semanal		**Parada semanal de leitura** de toda a escola			
Ação institucional mensal				**Sessão simultânea de leitura** – Escolha das leituras	

Semana 3 –15 a 19/04

Práticas	Segunda 15/04	Terça 16/04	Quarta-feira 17/04	Quinta 18/04	Sexta 19/04
Ação: leitura pela professora **Espaço**: sala de aula **Periodicidade**: diária	**CONTOS DE ORIGEM ORAL** Sequência de leitura: *Conhecendo diferentes Cinderelas pelo mundo* ***Cinderela do rio*** (BRASIL) Mafuane Oliveira, ilustrações de Taisa Borges (Peirópolis)	**CONTO AUTORAL** ***Menininho***, de Gabriela Romeu (Panda Books)	**POEMAS** *Sequência de poetas brasileiros/as contemporâneos/as* ***Casas***, de Roseana Murray (Formato)	**HISTÓRIAS DE AUTORES INDÍGENAS** Sequência de leitura: *Conhecendo um autor e seu povo* – Daniel Munduruku ***As serpentes que roubaram a noite e outros mitos*** (Peirópolis) Introdução O começo de tudo e Origem dos Munduruku	**LIVRO ILUSTRADO** ***Este é o lobo***, de Alexandre Rampazzo (Pequena Zahar)
Ação: exploração do acervo/escolha pelo estudante/ leitura solitária **Espaços**: canto de leitura/sala de aula e biblioteca escolar/ sala de leitura **Periodicidade**: diária	**Exploração livre do acervo do canto de leitura**, durante o momento de atividades diversificadas	**Finalização da sequência *Conhecendo diferentes Cinderelas pelo mundo*,** conversa sobre as diferentes versões	**Visita à biblioteca pública do bairro**	**Empréstimos de livros** na biblioteca escolar/sala de leitura com circulação livre dos estudantes	**Roda de indicações literárias** "A versão preferida de Cinderela". Conversa sobre as versões de Cinderela de que mais gostaram e organização da escrita coletiva de indicações para o mural da escola

Práticas	Segunda 15/04	Terça 16/04	Quarta-feira 17/04	Quinta 18/04	Sexta 19/04
Ação institucional semanal			**Parada semanal de leitura** de toda a escola		
Ação institucional mensal					**Primeiras sessões simultâneas de Leitura**

Semana 4 – 22 a 26/04

Práticas	Segunda 22/04	Terça 23/04	Quarta-feira 24/04	Quinta 25/04	Sexta 26/04
Ação: leitura pela professora **Espaço**: sala de aula **Periodicidade**: diária	HISTÓRIAS DE AUTORES INDÍGENAS *Conhecendo um autor e* seu povo – Daniel Munduruku ***As serpentes que roubaram a noite e outros mitos*** (Peirópolis) Contos: Um som diferente Quando mandavam as mulheres	CONTO AUTORAL ***A fome do lobo***, de Cláudia Maria de Vasconcellos, ilustrações de Odilon Moraes (Iluminuras)	POEMAS *Sequência dos poetas brasileiros/as contemporâneos/as* ***Pequenas observações sobre a vida em outros planetas***, de Ricardo Silvestrin (Salamandra)	HISTÓRIAS DE AUTORES INDÍGENAS *Conhecendo um autor e seu povo* – Daniel Munduruku ***As serpentes que roubaram a noite e outros mitos*** Contos: Um amigo para sempre Como surgiram os cães	LIVRO ILUSTRADO ***Os pássaros***, de Germano Zullo e Albertine (Editora 34)

Práticas	Segunda 22/04	Terça 23/04	Quarta-feira 24/04	Quinta 25/04	Sexta 26/04
Ação: exploração do acervo/escolha pelo estudante/leitura solitária **Espaços**: canto de leitura/ sala de aula e biblioteca escolar/sala de leitura **Periodicidade**: diária	**Exploração livre do acervo do canto de leitura**, durante o momento de atividades diversificadas	Registro (desenho ou escrita) em seu **Inventário de leitura** dos títulos preferidos do mês	**Mar de livros de autores indígenas** - Escolha de livros a partir de seleção prévia da professora ou do professor para compor o acervo do canto de leitura	**Empréstimos de livros** na biblioteca escolar/sala de leitura com indicação da professora ou do professor de livros de autores indígenas	**Roda de indicações literárias** "Os poemas preferidos". Conversa sobre os poemas de que mais gostaram e escrita coletiva de indicações para o mural da escola
Ação institucional semanal					**Parada semanal de leitura** de toda a escola
Ação institucional mensal	**Conversa sobre as histórias lidas nas Sessões Simultâneas de Leitura**				

6

E SEREMOS TODOS LEITORES...

Se desejamos este fim, onde é o começo?

Eu pensava que a linguagem fosse um modo de dizer as coisas, de externar queixas, de dizer que se estava feliz ou triste etc. Mas quando escutei aqueles versos [...], soube que a linguagem podia também ser música e paixão.

Jorge Luis Borges (2001, p. 105)

Tem-se reiterado a importância da constituição de uma comunidade leitora na escola, e, nesse sentido, ouvimos com frequência que é fundamental elaborar e colocar em cena projetos institucionais que deem conta de variadas práticas sociais de leitura.

Mesmo que vivida de modo solitário, qualquer leitura traz sempre ressonâncias do social, refletindo a maneira como a cultura lida com ela. Toda leitura é tecida numa rede de leitores, e suas práticas pertencem ao coletivo. Quando o leitor está diante de uma obra, é acompanhado por autores, ilustradores, editores e outros leitores encarnados em indicações, conversas literárias, fortunas críticas, entre uma infinidade de práticas que constituem o universo da leitura literária.

Assim, o professor universitário de língua e literatura francesa Jean-Marie Privat compara a figura do leitor com a do pescador:

> O leitor lê como um pescador pesca. É solitário, imóvel, silencioso, atento ou meditativo, mais ou menos hábil ou inspirado. Considera-se evidente que o leitor é leitor quando lê, como o pescador é pescador quando pesca, nem mais, nem menos. Aprender a pescar como aprender a ler consiste, então, em dominar certas técnicas básicas e experimentá-las progressivamente em correntes de água ou frotas de textos cada vez mais abundantes. [...]
> O pescador [...] seguramente gosta de discutir acerca de seu material e contar histórias de pescador a seus amigos no café ou durante o descanso no escritório. [...] Em resumo, pesca e leitura – longe de serem atos de pura técnica e/ou de pura inatividade individualista – estão cheias de sociabilidade. (2001, p. 54)

Os leitores, bem como os pescadores, criam comunidades para exercer as práticas sociais decorrentes de seus fazeres. Nelas, aprendem com seus pares a navegar pelo vasto oceano da literatura, ganhando cada vez mais fôlego em suas aventuras. Pouco a pouco, apropriam-se de comportamentos leitores, intensificando suas contribuições à comunidade. Para tanto, é preciso pensar em ações que favoreçam, na escola, a circulação da leitura como ela se apresenta no mundo.

É senso comum a ideia de que a formação de leitores depende sobretudo do primeiro círculo social da criança: a família. Ouvimos, reiteradas vezes em nossas conversas com educadoras e educadores, que as crianças não leem porque não vivenciam a leitura em seus lares. Sabemos que as razões pelas quais as famílias não leem podem ser múltiplas e complexas. Por mais que desejemos, nem sempre é possível que a leitura esteja presente em todo lar.

É lógico que famílias que leem com frequência influenciam positivamente a aproximação das crianças aos livros e à literatura, e almejamos contar com sua parceria ao longo do processo educativo. A sexta edição da pesquisa Retratos da Leitura no Brasil (Instituto Pró-Livro, 2024), citada no início desta obra, reforça a relação entre a circulação de livros em casa e o engajamento futuro com a leitura, já que constata que há uma proporção maior de pessoas que ganharam livros da família (51%) entre leitores do que entre não leitores (24%).

Entretanto, não podemos responsabilizar as famílias pelo fato de as crianças terem pouca intimidade com a leitura, dado que a formação de leitores é uma das principais funções da escola. Diante da percepção acertada de que muitas vezes livros não circulam com a assiduidade esperada nos lares, é necessário que nos questionemos: o que mais a escola precisa fazer para aproximar toda a sua comunidade da leitura?

Embora a instituição escolar seja para muitos leitores o local por excelência do encontro com os livros, para tantos outros ela tem perdido esse posto, como pode ser comprovado ao longo da série histórica da pesquisa supracitada. Em 2007, 35% dos participantes responderam que a escola era tida como lugar de leitura. Em 2011, foram 33%. Na edição de 2015, tais menções correspondiam a 25% da população. Em 2019, foram 23%. E agora foi de 19%, o menor índice já registrado (Instituto Pró-Livro, 2024).

Portanto, faz-se necessária a criação e implementação de novas políticas públicas educacionais nos vários âmbitos – federal, estadual e municipal –, a fim de fortalecer a formação de educadores e educadoras, fomentando a leitura de quem ensina – pois o professor só ensina o que sabe. Tais políticas públicas devem basear-se em uma avaliação do que não tem acontecido nas escolas em relação à leitura literária, dando, ao mesmo tempo, visibilidade às boas práticas que existem – e que não são poucas.

Outras instâncias do poder público também têm o dever de enredar-se na formação de leitores, uma vez que a literatura é um direito humano, como afirmamos em diversas ocasiões.

Isso pode se concretizar na oferta de mais bibliotecas escolares, públicas e comunitárias e no apoio a uma multiplicidade de eventos literários, além dos programas de distribuição de livros das várias instâncias do poder público.

Queremos frisar que a existência de bibliotecas escolares vivas geridas por bibliotecários pode fazer grande diferença na formação leitora de estudantes, professores e de toda a comunidade escolar. Além disso, esse profissional organiza, divulga o acervo, orienta a aquisição de novas obras e é um articulador dos livros com os projetos pedagógicos de todas as áreas e com o currículo de cada ano escolar.

Neste livro, abordamos a importância da figura das professoras e dos professores como mediadores para a formação de leitores, mas também sublinhamos outra condição essencial: que a leitura seja vivida em inúmeras situações que se expandem para além da sala de aula, abrangendo todos aqueles que fazem parte da coletividade escolar.

Outros aspectos essenciais para a formação de leitores sobre os quais versamos foram as condições materiais para o trabalho com a literatura, como a constituição, manutenção e reposição de um acervo amplo, variado e de boa qualidade; a atenção valiosa ao tempo que a leitura solicita para que possa acontecer de diferentes maneiras no cotidiano escolar; e a organização e conservação de espaços convidativos para a circulação de livros, como salas e cantos de leitura.

A criação de um ambiente leitor necessita de ações intencionais, no sentido de agregar em torno da literatura todas as pessoas que frequentam a instituição, promovendo permanentemente trocas de variados tipos, fazendo da escola um ambiente que respira e dissemina a leitura.

Nossa experiência aponta a fundamental importância do empenho da gestão escolar para o estabelecimento e a perpetuação dessa comunidade de leitores. Com papéis diferentes e complementares, direção e coordenação pedagógica devem desempenhar ações articuladas e alinhadas ao mesmo propósito, sempre orientadas pelo projeto político pedagógico (PPP) da unidade. Tal documento é processo e produto de uma escola, pois afirma sua identidade, evidencia sua organização, metas, métodos e planos para toda a comunidade – profissionais, famílias e estudantes – que, espera-se, participe de sua elaboração. Tem como intenção orientar o funcionamento e a organização da unidade escolar, de modo que a educação esperada (e declarada) possa ser efetivada (Cedac – Roda Educativa, 2016).

Considerando que o PPP tem como intuito a aprendizagem das crianças, todas as decisões administrativas tomadas pelo diretor ou diretora incidem no pedagógico, âmbito de atuação do coordenador enquanto formador dos docentes. Percebemos, em várias ocasiões, que seus papéis muitas vezes se misturam, o que causa desequilíbrio na instituição.

Sabemos que, por mais que o diretor ou diretora se veja muitas vezes imerso ou imersa em funções administrativas, é fundamental que ele ou ela conheça os livros existentes na instituição, zele por manter disponível uma diversidade de títulos de qualidade catalogados, em bom estado e em quantidade suficiente, garanta a circulação igualitária das obras entre todas as turmas, providencie espaços dedicados aos livros, que sejam de fato frequentados pelos estudantes, assegure a existência e a continuidade de espaços formativos voltados à leitura para toda a comunidade e fomente práticas que envolvam as famílias.

Também é de sua responsabilidade a tarefa de aquisição de livros para ampliação do acervo, levando em conta as demandas dos professores, alinhadas ao PPP. Dessa maneira, o coordenador ou coordenadora pode solicitar à direção a compra de títulos que subsidiem as propostas literárias planejadas, que têm como substrato a BNCC (Brasil, 2018). Juntos, os dois profissionais podem tomar as decisões a respeito das obras prioritárias a serem adquiridas.

Frisamos o reconhecimento da peculiaridade do papel de cada um dos gestores, destacando a importância de uma parceria que tem como objetivo permanente oferecer meios para que as aprendizagens das crianças se realizem. As desigualdades que se alastram em nosso país também estão presentes no acesso à leitura literária, e a dupla gestora deve estar muito atenta para o fato de que a escola não pode reproduzir e perpetuar tais desigualdades. É nesse sentido que devem se comprometer com a promoção do acesso equânime à leitura e à literatura a todos os estudantes.

Sendo a escola nosso campo de atuação e, cientes de seu papel crucial de garantir o direito à literatura e à cidadania, fomos, ao longo deste livro, nos aproximando do cotidiano dessa instituição, iluminando e focalizando desde as ações desenvolvidas em sala de aula até aquelas que envolvem toda a comunidade, revelando seu profundo e necessário entrelaçamento. Buscamos, assim, elencar as condições para a efetiva formação de leitores nesse contexto.

E, por termos nos esforçado para chegar bem perto do que deve acontecer no chão de uma escola comprometida com essa tarefa, lembramos do livro *Zoom*, do artista e autor húngaro Istvan Banyai (2002). É provável que você conheça essa obra, já que ela se situa entre aquelas que podem ser consideradas títulos clássicos das infâncias (ou de toda uma vida, como ocorre com qualquer livro que mexe conosco e deixa marcas).

Se você não a conhece, sugerimos a leitura. *Zoom* é encantador, um livro de imagens em que, a cada página, o leitor vai descobrindo que aquilo que ele está vendo é parte de algo maior. É surpreendente nos darmos conta de que podemos ver algo e ter certeza do que vemos, mas... será que aquilo que estamos vendo não poderia ser outra coisa? A obra propõe esse jogo: e se a imagem que achamos ser inteira fosse apenas parte de algo maior? Ou seria o contrário? Por isso, o livro também pode ser lido de trás para a frente, provocando um efeito de aproximação ou de distanciamento, a depender de onde se começa a leitura.

E onde começa uma leitura? Aonde ela vai dar? Quando pensamos em formar leitores, tendemos ao plural. Se estamos na escola, pensamos num coletivo, nas transformações que uma bem-sucedida formação de estudantes leitores pode causar em contextos mais amplos - como, por exemplo, no exercício da democracia, em uma sociedade estruturada na escrita.

Pensamos também no impacto social de termos muitos e muitos leitores de literatura, que podem se perguntar sobre a condição humana, que vestem outras peles, experimentando o lugar do outro - a sua existência, os seus mistérios e enigmas. Poderíamos, talvez, afirmar que uma sociedade verdadeiramente leitora e com acesso amplo à literatura de qualidade teria a chance de ser menos inclinada ao extermínio do outro, que sempre pode ser, no final das contas, esse que é encontrado e tornado íntimo nas páginas de uma ficção. Embora não seja uma equação precisa, pois trata do humano e de suas contradições, essa é nossa aposta, apesar do que se observa no mundo.

Sem colocar a leitura literária como panaceia, salvação, sua presença contínua e qualificada contribui para a formação de cidadãos comprometidos com o coletivo, com a diversidade, com as diferenças - é ação humana que aproxima os seres e possibilita que desenvolvam senso estético, sensibilidade, e se reconheçam, ampliando suas perspectivas.

Uma preocupação de todos aqueles que se empenham na senda da formação de leitores é: como se faz para disseminar a leitura. Aqui, propomos um exercício semelhante ao do livro

Zoom: do macro nos movemos ao micro, onde tudo começa, onde tudo pode começar. Mergulhamos fundo no contexto escolar, focamos nos tempos, nos espaços, no acervo, no convívio entre leitores, nas trocas que acontecem em cada instituição e em seu entorno. E do micro vamos ao macro, afastando-nos paulatinamente. E se todos os aspectos que abordamos estiverem presentes em cada escola? E também fora dela, à sua volta, nas bibliotecas, nos centros culturais, nos múltiplos espaços dedicados à leitura?

A formação de leitores é uma tarefa ampla e abrangente, que precisa das relações em cada comunidade para realizar-se na sociedade – necessita estar encarnada em pessoas que leem juntas. Ela depende de cada leitor, que lê com o outro, e outro, e outro... Essa é a chave, esse é o caminho possível.

No livro *Zoom*, as cenas vão se desdobrando. E a analogia que propomos é também a de um desdobramento: se cada escola se comprometer de verdade em ser um ambiente leitor, em que se respira leitura, em ser comunidade que lê junto, está dada a chance para a constituição de uma sociedade leitora.

Não é fácil, sabemos. Mas é possível.

REFERÊNCIAS BIBLIOGRÁFICAS

ADICHIE, Chimamanda Ngozi. *O perigo de uma história única.* São Paulo: Companhia das Letras, 2019.

__________. To instruct and delight: a case for realist literature. *Commonwealth Lecture,* 2012. Disponível em https://commonwealthfoundation.com/resource/commonwealth-lecture-2012-2/ Acesso em: 11 nov. 2024.

AGAMBEN, Giorgio. *Infância e história:* destruição da experiência e origem da história. Belo Horizonte: Editora UFMG, 2005.

__________. *O fogo e o relato.* São Paulo: Boitempo, 2018.

AMADO, Jorge. *O menino grapiúna.* São Paulo: Companhia das Letras, 2010.

ANDRADE, Carlos Drummond de. *Antologia poética.* Rio de Janeiro: José Olympio, 1978.

ANDRUETTO, María Teresa. *A leitura, outra revolução.* São Paulo: Edições Sesc, 2017.

__________. *Por uma literatura sem adjetivos.* São Paulo: Pulo do Gato, 2012.

ARENDT, Hannah. A crise na educação. In: ARENDT, Hannah. *Entre o passado e o futuro.* São Paulo: Perspectiva, 2007.

AZEVEDO, Ricardo. *Memórias da literatura infantil e juvenil:* trajetórias de leitura. São Paulo: Museu da Pessoa; Editora Peirópolis, 2009.

BAGNO, Marcos. *O sopro do leão.* Curitiba: Olho de Vidro, 2021.

BAJOUR, Cecília. *Ouvir nas entrelinhas:* o valor da escuta nas práticas de leitura. São Paulo: Pulo do Gato, 2012.

BANDEIRA, Manuel. *Estrela da vida inteira:* poesias reunidas. Rio de Janeiro: José Olympio; Instituto Nacional do Livro, 1970.

BANYAI, Istvan. *Zoom.* São Paulo: BrinqueBook, 2022.

BAROUKH, Josca Ailine. *A posição do professor frente ao aluno e seus pares na educação infantil:* uma leitura psicanalítica acerca do olhar do professor para a função do semelhante na escola. São Paulo, 2020. Dissertação (Mestrado - Programa de Pós-Graduação Educação, Linguagem e Psicologia) - Faculdade de Educação, Universidade de São Paulo.

BENJAMIN, Walter. *Experiência e pobreza.* In: BENJAMIN, Walter. *Magia, técnica, arte e politica:* ensaios sobre literatura e história da cultura. São Paulo: Brasiliense, 2012.

BÉRTOLO, Constantino. *O banquete dos notáveis:* sobre leitura e crítica. São Paulo: Livros da Matriz, 2014.

BOJUNGA, Lygia. *Livro - Um encontro.* Rio de Janeiro: Casa Lygia Bojunga, 2004.

BOLDIS, Viorel. *O lenço branco.* Rio de Janeiro: Zahar, 2012.

BORGES, Jorge Luis. *Borges oral & sete noites.* São Paulo: Companhia das Letras, 2011.

__________. *Esse ofício do verso.* São Paulo: Companhia das Letras, 2001.

BOSI, Ecléa. A atenção em Simone Weil. *Psicologia USP,* 2003, v. 14, n. 1, p. 11-20. Disponível em: https://www.scielo.br/j/

pusp/a/PL9Dxj7s9fQxnxZFHvPghRc/?lang=pt Acesso em: 2 jun. 2023.

BRASIL. *Base nacional comum curricular.* Ministério da Educação. Brasília, 2018. Disponível em: http://basenacionalcomum.mec.gov.br/ Acesso em: 6 set. 2021.

__________. Ministério da Educação (MEC). Portaria nº 867, de 4 de julho de 2012. Institui o Pacto Nacional pela Alfabetização na Idade Certa e as ações do Pacto e define suas diretrizes gerais. *Diário Oficial da União,* Brasília, 5 jul. 2012. Seção 1, p. 22. Disponível em: https://download.inep.gov.br/educacao_basica/provinha_brasil/legislacao/2013/portaria_n867_4julho2012_provinha_brasil.pdf Acesso em: 15 dez. 2023.

BRITTO, Luiz Percival Leme. *Ao revés do avesso*: leituras e formação. São Paulo: Pulo do Gato, 2015.

CALVINO, Italo. *Fábulas italianas.* São Paulo: Companhia das Letras, 1992.

CAMARGO, Iberê. *Gaveta dos guardados.* São Paulo: Cosac Naify, 2009.

CANDIDO, Antonio. O direito à literatura. In: CANDIDO, Antonio. *Vários escritos.* Rio de Janeiro: Ouro sobre Azul, 2011.

CAZUZA; BRANDÃO, Arnaldo. *O tempo não para.* Álbum *O tempo não para,* 1988.

CEDAC. *Projeto político pedagógico:* orientações para o gestor escolar. São Paulo: Santillana, 2016. Disponível em: <https://www.observatoriodopne.org.br/_uploads/_posts/50.pdf?157483332 Acesso em: 18 jul. 2020.

CHAMBERS, Aidan. *Diga-me:* as crianças, a leitura e a conversa. São Paulo: Cortez, 2023.

COLLODI, Carlo. *As aventuras de Pinóquio:* história de um boneco. São Paulo: Cosac Naify, 2011.

COLOMER, Teresa. *Andar entre livros:* a leitura literária na escola. São Paulo: Global, 2007.

COLOMER, Teresa; MANRESA, Mireia; PRIETO, Lucas Ramada; LÓPEZ, Lara Reyes. *Narrativas literarias en educación infantil y primaria.* Madrid: Síntesis, 2018.

DICKINSON, Emily. In: Oxford Essential Quotations. Oxford University Press, 2016. Disponível em: https://www.oxfordreference.com/view/10.1093/acref/9780191826719.001.0001/q-oro-ed4-00003636 Acesso em: 24 jan. 2022.

ESCOREL, Ana Luisa. *O pai, a mãe e a filha.* Rio de Janeiro: Ouro sobre Azul, 2012.

FERRADA, María José; PANG LY, Miguel. *A árvore das coisas.* São Paulo: Livros da Matriz, 2022.

FERREIRA, Andréa Tereza Brito; ALBUQUERQUE, Eliana Borges Correia de. As rotinas da escola e da sala de aula: referências para a organização do trabalho do professor alfabetizador. In: BRASIL. *Pacto nacional pela alfabetização na idade certa.* Planejamento escolar: alfabetização e ensino da língua portuguesa. Ano 1, Unidade 2. Brasília: MEC, SEB, 2012.

GIL, Gilberto. *Tempo rei.* Álbum *Raça humana,* 1984.

HAN, Byung-Chul. *Sociedade do cansaço.* Petrópolis: Vozes, 2017.

HERÁCLITO. Fragmento 50. In: *Os pensadores originários –* Anaximandro, Parmênides, Heráclito. São Paulo: Vozes, 1991.

INSTITUTO C&A. *Nos caminhos da literatura.* São Paulo: Peirópolis, 2008.

INSTITUTO PAULO MONTENEGRO; AÇÃO EDUCATIVA. *Inaf Brasil 2018:* resultados preliminares. São Paulo, 2018. Disponível em: <https://alfabetismofuncional.org.br Acesso em: 10 out. 2024.

INSTITUTO PRÓ-LIVRO. *Retratos da leitura no Brasil.* 6. ed. Disponível em: https://www.prolivro.org.br/wp-content/uploads/2024/11/Apresentac%CC%A7a%CC%83o_Retratos_da_Leitura_2024_13-11_SITE.pdf Acesso em: 25 nov. 2024.

KADARÉ, Ismail. *Crônica na pedra.* São Paulo: Companhia das Letras, 2008.

KLASSEN, Jon. *Este chapéu não é meu.* São Paulo: WMF Martins Fontes, 2023.

LARROSA, Jorge. *Tremores:* escritos sobre experiência. Belo Horizonte: Autêntica, 2016.

LE BRETON, David. *Antropologia dos sentidos.* São Paulo: Vozes, 2016.

LERAY, Marjolaine. *Uma Chapeuzinho Vermelho.* São Paulo: Companhia das Letrinhas, 2012.

LERNER, Delia. *Ler e escrever na escola:* o real, o possível e o necessário. Porto Alegre: Artmed, 2002.

MAGALHÃES, Luciane Manera; ARAUJO, Rita de Cássia B. Freitas; ACHTSCHIN, Simone Borrelli; MELO, Terezinha T. Melquíades. Planejamento do ensino: alfabetização e ensino/aprendizagem do componente curricular – Língua portuguesa. In: BRASIL. *Pacto Nacional pela Alfabetização na Idade Certa.* Planejamento escolar: alfabetização e ensino da língua portuguesa. Ano 1, unidade 2. Brasília: MEC, SEB, 2012.

MANGUEL, Alberto. *A biblioteca à noite.* São Paulo: Companhia das Letras, 2006.

MARTINS, Evandro Silva. A etimologia de alguns vocábulos referentes à educação. *Olhares e Trilhas,* Uberlândia, ano VI, n. 6, p. 31-36, 2005. Disponível em: <http://www.seer.ufu.br/index.php/olharesetrilhas/article/viewFile/3475/2558#:~:text=Educare%2C%20no%20latim%2C%20era%20um,da%20vir%2D%20tualidade%20%C3%A0%20realidade Acesso em: 18 ago. 2021.

MASSCHELEIN, Jan; SIMONS, Maarten. *Em defesa da escola:* uma questão pública. Belo Horizonte: Autêntica, 2019.

MONTES, Graciela. *Buscar indícios, construir sentidos.* Lauro de Freitas (BA): Solisluna; São Paulo: Selo Emília, 2020.

MÜLLER, Herta. *Sempre a mesma neve e sempre o mesmo tio.* São Paulo: Globo, 2012.

MUNITA, Felipe. *Eu, mediador(a):* mediação e formação de leitores. Lauro de Freitas (BA): Solisluna; São Paulo: Selo Emília, 2024.

ORTHOF, Sylvia. *Os bichos que tive* (memórias zoológicas). São Paulo: Moderna, 2004.

OZ, Amós. *De amor e trevas.* São Paulo: Companhia das Letras, 2005.

QUINTANA, Mario. *Poesia completa.* Rio de Janeiro: Nova Aguilar, 2006.

PAZ, Octavio. *O arco e a lira.* São Paulo: Cosac Naify, 2012.

PETIT, Michèle. *Ler o mundo:* experiências de transmissão cultural nos dias de hoje. São Paulo: Editora 34, 2019.

PIGLIA, Ricardo. *Anos de formação:* os diários de Emilio Renzi. São Paulo: Todavia, 2017.

PRADO, Adélia. *Poesia reunida.* Rio de Janeiro: Record, 2015.

QUEIRÓS, Bartolomeu Campos de. In: FUNDAÇÃO NACIONAL DO LIVRO INFANTIL E JUVENIL e INSTITUTO C&A. *Nos caminhos da literatura.* São Paulo: Peirópolis, 2008.

RAMOS, Ricardo. Circuito fechado. In: RAMOS, Ricardo. *Circuito fechado.* São Paulo: Biblioteca Azul, 2012.

RAMPAZZO, Alexandre. *A princesa e o pescador de nuvens.* São Paulo: Panda Books, 2014.

ROBLEDO, Beatriz Helena. Avaliação e seleção de livros – Animação e promoção de leitura. *Revista Emília,* São Paulo, dez. 2012. Disponível em: https://emilia.org.br/avaliacao-e--selecao-de-livros/ Acesso em: 26 jul. 2023.

ROMEU, Gabriela. *Menininho.* São Paulo: Panda Books, 2020.

SEIXAS, Heloisa. *Uma ilha chamada livro.* Rio de Janeiro: Galera Record, 2009.

SHAKESPEARE, William. *Macbeth.* Rio de Janeiro: Nova Fronteira, 2013.

VALLEJO, Irene. *O infinito em um junco:* a invenção dos livros no mundo antigo. Rio de Janeiro: Intrínseca, 2022.

VELOSO, Caetano. *Oração ao tempo.* Álbum *Cinema transcendental,* 1979.

WISNICK, José Miguel; MAUTNER, Jorge. *Tempo sem tempo.* Álbum *Tempo sem tempo,* 2003.

WOOD, James. *Como funciona a ficção.* São Paulo: Cosac Naify, 2011.

ZERO, Caio. *Aqui e aqui.* São Paulo: Companhia das Letrinhas, 2023.

ZULLO, Germano; Albertine. *Os pássaros.* São Paulo: Editora 34, 2013.

Este livro foi composto em Minion Pro
e impresso em papel Avena 80g/m2
nas oficinas da Pifferprint
no inverno de 2025.